AI와 인간의 공존

인공지능총서

인공지능 시대입니다. 기계가 인간의 인지를 대신하고, 사물이 인간을 통하지 않고 다른 사물과 직접 커뮤니케이션합니다. 이에 따른 인간 삶과 문명 변화를 정확히 이해 · 예측 · 대응하는 것은 이 시대 우리 모두의 과제입니다. 인공지능총서는 인공지능 기술과 환경의 여러 주제를 10가지 키워드로 정리합니다. 관련 개념과 이론, 학계와 산업계의 쟁점, 우리 일상의 변화를 다룹니다. 인간과 기술의 현재, 미래를 세심히 분석합니다.

일러두기

- 인명, 작품명, 저서명, 개념어 등은 한글과 함께 괄호 안에 해당 국가의 원어를 병기했습니다.
- 외래어 표기는 현행 어문규정의 외래어표기법을 따랐습니다. 다만 '딥러닝', '딥마인드', '딥페이크' 등은 관행을 따랐습니다.

AI와 인간의 공존

이은영·황소영

대한민국, 서울, 커뮤니케이션북스, 2024

AI와 인간의 공존

지은이 이은영·황소영
펴낸이 박영률

초판 1쇄 펴낸날 2024년 10월 31일

커뮤니케이션북스(주)
출판 등록 2007년 8월 17일 제313-2007-000166호
02880 서울시 성북구 성북로 5-11
전화(02) 7474 001, 팩스(02) 736 5047
commbooks@commbooks.com
www.commbooks.com

ISBN 979-11-7307-164-5 03500

책값은 뒤표지에 표시되어 있습니다.

차례

인공지능 시대의 인문학적 사유

21세기는 인공지능(Artificial Intelligence) 시대라고 해도 과언이 아닐 것이다. 스마트폰, 자율주행, 챗봇, 알고리즘 등 인공지능 기술의 영향력은 나날이 확대되고 있으며, 인공지능 기술의 변혁기에 우리는 기술의 혜택을 누리는 동시에 새로운 도전에 직면하고 있다.

2016년 1월 스위스 다보스에서 개최된 세계경제포럼에서 독일 경제학자 클라우스 슈바프(Klaus Schwab)는 세계는 인공지능, 로봇, 빅데이터, 클라우드 컴퓨팅, 3D 프린팅, 나노, 바이오 기술 등 모든 과학 기술과 지식 정보 분야에 걸친 혁신이 미증유의 빠른 속도와 세력, 범위로 진행되는 '제4차 산업혁명(Industry 4.0, Fourth Industrial Revolution)' 시대에 들어섰다고 주장했다(Schwab, 2016). 제4차 산업혁명은 디지털 혁명을 기반으로 사물과 사물 간 정보가 실시간으로 전달, 공유됨으로써 경제·사회 구조의 변화와 함께 인간 의식과 생활 양식까지 변화시키고 있다.

제1차 산업혁명이 증기기관을 기반으로 18세기에 등

장했다면, 19세기에서 20세기 초 전기에너지를 토대로 제2차 산업혁명이 등장했고, 제3차 산업혁명은 20세기 후반 컴퓨터와 인터넷을 기반으로 등장했다. 제4차 산업혁명은 인공지능, 빅데이터, 사물인터넷, 클라우드 컴퓨팅, 자율주행 자동차 기술 등 첨단 기술이 근간을 이루고 있다. 제4차 산업혁명을 통해 우리는 더욱 건강하고, 더 오래 그리고 좀 더 능동적으로 삶을 살아갈 수 있게 되었다. 선진국에서 출생한 아이 4분의 1 이상의 기대 수명이 100세인 시대에, 우리는 이제 생산 가능 인구와 은퇴, 개인의 인생 설계와 같은 문제 등을 고민한다. 그뿐만 아니라 파괴적 혁신을 통해 역량을 갖춘 기업은 연구, 개발, 마케팅, 판매, 유통 부문에서 글로벌 디지털 플랫폼을 활용해 품질, 속도 그리고 가격 개선이라는 성과를 도출해 냄으로써 그 어느 때보다 빠르게 거대 기업을 추월할 수 있는 가능성을 열었다. 제4차 산업혁명은 인간의 정체성에도 영향을 미치며 소비 패턴, 일과 여가에 할애하는 시간 배분, 경력 개발과 능력 향상 방식 등 삶의 여러 부분과 연관성을 지닌다.

제4차 산업혁명이 강력한 영향을 긍정적으로 미치는 만큼 그것이 불러올 문제점 역시 상당하다. 이제 제4차 산업혁명의 영향력과 효과에 적절히 대비하여 도전을 기회로 바꿀 수 있도록 노력해야 하는 시기다. 4차 산업 혁명을 통한 인공지능 기술의 발전은 단순한 기술 혁신을 넘어 철학적, 윤리적, 사회적 차원의 깊이 있는 논의를 요구한다. 기계와 인간의 경계는 어디인가? 인공지능 시대에 인간의 역할은 무엇인가? 이러한 물음 등은 더 이상 공상과학 소설이나 철학적 사변 영역에 머물러 있지 않다. 바로 우리의 당면한 현실이며, 따라서 우리는 이에 대한 해답을 찾아야 한다. 그 해답은 인공지능 기술과 그것에 대한 인문학적 사유가 융합될 때, 즉 학문과 학문의 융합인 학제 간 연구로 진행될 때 충분한 성과와 발전으로 드러날 수 있으며, 그 융합과 학제 간 연구는 인공지능 시대의 새로운 지평으로 제시될 수 있을 것이다.

인공지능 시대의 역사와 교육의 방향성

현대적 의미의 인공지능 기술은 1950년 앨런 튜링(Alan Turing)이 발표한 "계산 기계와 지능(Computing Machinery and Intelligence)"에서 시작되었다. 튜링은 이 논문에서 '기계가 생각할 수 있는가?'라는 질문을 던지지 않고 '모방 게임(Imitation Game)'이라는 실험적 방법을 제안했다. 이 방법을 통해 기계에 지능이 있는지를 판단할 수 있다고 보았으며, 기계 학습의 가능성을 제시함으로써 인공지능 연구의 기초를 마련했다. 그 과정에서 인공지능(Artificial Intelligence)이라는 용어가 처음 사용된 것은 1956년 미국 다트머스대학교(Dartmouth University)에 있던 존 매카시(John McCarthy) 교수가 개최한 다트머스회의(Dartmouth Conference)를 통해서다. 당시 인공지능 연구의 핵심은 추론과 탐색이었다. 마치 인간처럼 사고하며 문제를 해결할 수 있는 인공지능을 구현하려는 연구가 핵심이었고, 1970년대까지 활발히 진행되다 복잡한 문제 해결을 위한 수준에 미치지 못한다는 부정적 결과가 제시되었다. 결국 인공지능은 급격한 1차 암흑기(1974~1980)를 맞이한다. 이후 1980년대 인간의 전문적 지식을 정리하여 컴퓨터에 입력시키고, 일반인도 컴퓨터와 지식 정보 습득 연구를 통한 전문적 지식 이용이 가능한 시스템이 개발되었으나, 관리 방안 문제점이 노출되며 1990년대 초까지 2차 암흑기(1987~1993)를 맞이했다. 그러다가 1990년대 후반 인공지능 연구는 슈퍼컴퓨터와 시뮬레이션 분야로 방향 전환을 하게 되고, 인공지능 기술의 성숙기를 맞이한다.

인공지능 기술은 교육 방향성에도 영향을 주었다. 우리나라 교육부가 미래 교육의 방향으로 제시한 '하이터치 · 하이테크(HTHT, High Touch, High Tech)' 정책이 대표적이다. 이 정책은 교사의 인간적 접근(하이터치)과 첨단 기술(하이테크)을 결합해서 미래지향적 교육 대전환을 주도해야 한다는 내용이다. 고도화된 기술이 교사의 업무를 돕고, 교사는 학생들을 가르치는 역할에 집중할 수 있는 미래 교육의 모습을 담고 있다. 'HTHT 교육'은 인공지능의 힘을 활용하는 적응형 학습 기술이며, 학습자의 지식 수준을 파악할 수 있는 진단과 그에 따른 학습 추천 기능이 있어 학습자가 각자의 수준과 속도에 맞춰서 학습하는 것을 가능하게 해 주는 시스템이다. 물론 지식만 전달하는 것이 아니라 학생의 인성 · 창의성을 향상해 주는 교사의 역할은 고도화된 기술로 불가능하다는 판단하에 '인간 선생님'의 필요성은 여전히 요구되고 있는 상황이다.

그렇다면 대학 교육은 어떤 상황인가? 미래학자 토머스 프레이(Thomas Frey)는 2030년경 대학의 50% 이상이 붕괴할 것으로 예측했는데, 한국 대학은 이미 심각한 상황에 놓여 있다. 현재 한국 대학은 인구 절벽으로 대입 정원의 반도 채우지 못하는 상황이다. 대학 교육 정책은 부족하고, 최악의 재정난에 몰려 있으며 관료화와 무기력으로 학과 중심의 경직된 운영 상태가 지속됨으로써 구조 개혁이란 시대적 과제에 당면해 있다.

그럼에도 인공지능 시대에 접어들어 초연결, 초지능, 초융합 사회가 오고 있다. 이러한 시대적 기류에 편승한 우리나라 대학 교육은 한편으로는, 하이브리드 대학을 지향한다. 온라인 교육 플랫폼과 오프라인 캠퍼스가 공존하는 교육 매체 혁명의 필요성을 지향한다. 디지털 기술과 AI의 등장은 초연결과 초지능 사회로 변화되어 대학의 근본 환경 혁신을 이루어 냈고, 교육의 장을 시간적, 공간적 제약이 없는 온라인 플랫폼으로 전환시켰다. 온라인 강의를 공유하면 강의 부담은 줄고 교육 중간 비용은 절감되며 불필요한 시설 투자 등을 최소화할 수 있게 되어 결국 학생의 경제적 부담도 경감하는 결과를 도출한다. 다른 한편으로는, 융합 교육의 도입이다. 이것은 인문학과 정보기술이 합쳐진 '디지털 인문학(digital humanities)'의 등장을 의미한다. 과거에는 대학이 지식을 창출하고 유통 및 교육을 독점했지만 디지털 전환 시대를 맞이한 현재는 전문 지식을 얻는 채널이 다양해짐으로써 대학이 새로운 지식공동체의 역할을 수행하지 못하는 상황이다. 결국 과거 분과적 학문에 전념했던 대학이 융합 지식과 속도에 적응할 수 없었고, 따라서 학문 경계를 초월하는 초학제 간 융합 교육이 도입될 수밖에 없었다.

초연결, 초융합, 초지능 시대의 발달은 사회에서 요구되는 인재상에도 변화를 가져왔다. 바로 인공지능 시대에 인공지능과 협업이 가능한 인간상이다. 인공지능 시대 첨단 기술은 우리에게 경이로운 수준의 힘과 속도를 통해 생활의 편리를 주는 한편 인간의 정신세계에도 영향을 미치고 있다. 바로 이 지점이 인공지능 시대에 인문학이, 인문학적 사유가 요구되는 이유다. 인공지능과 협업해 좀 더 유효한 방향으로 나아갈 때, 인문학은 그때의 기준이며 상식이 된다. 인공지능의 발전과 도전이 지속되는 현재 인공지능을 우리의 삶에 어떻게 적용할 것인지, 또 응용할 것인지에 대한 나침반 역할이 필요한 상황이다. 인공지능 시대의 인문학이 퇴보되는 것이 아니라 인공지능 시대의 인문학이 요구되는 지점이다. 본 저서는 인공지능 기술에 대한 이해를 향상함과 동시에, 이 기술이 우리 사회와 삶에 미치는 영향을 다각도로 조명한다. 우리는 기술 발전이 인간의 가치와 존엄성을 훼손하지 않으면서 인류 진보에 기여할 수 있는 방안을 모색해야 한다. 이를 위해 본 저서는 인공지능 시대에 인문학적 사유의 통찰을 종합하고 있다.

인공지능시대의 인문학적 사유를 지향해야 하는 이유

인문학과 기술은 상반된 개념으로 생각된다. 하지만 인문학과 기술과학은 상호보완적 관계를 형성한다. 상호 다른 영역이지만 인공지능 시대에 접어들어 과학기술과 인문학의 상호 보완적 영역이 요구되는 사례가 다양하게 드러나고 있다. 예컨대, 우리가 일상생활에서 사용하는 과학기술은 종종 윤리적 쟁점을 드러내고 있다. 범죄 전과자 얼굴 이미지를 기반으로 재범률을 예측하는 인공지능 알고리즘 테스트 결과, 인공지능은 흑인의 재범률을 백인에 비해 훨씬 높게 추론해 냈다. 이것은 인공지능 편향성으로 발생되는 문제이며, 그러한 사례는 점점 늘고 있다. 스캐터랩이 출시한 인공지능 챗봇 '이루다'는 인간과 가장 유사하게 말하는 인공지능을 표방하며, 출시하자마자 75만 명의 이용자를 만들었다. 그런데 챗봇 이루다는 차별, 혐오, 개인정보 유출 논란으로 출시한 지 20일 만에 서비스가 중단되었다. 이루다의 운영사 스캐터랩은 이루다 출시 후 제기된 다양한 의견을 반영해 부족한 점을 집중적으로 보완할 수 있는 서비스 개선 기간을 갖겠다며 혐오와 차별에 대한 대화 사례와 개인정보 활용에 대한 문제점에 대하여 진심으로 사과했다. 그뿐만 아니라 2020년 코로나 19(Covid 19) 사태로 정식 시험을 실시하지 못한 영국 내 고등학교는 담당 교사 평가, 출신 학교의 과거 성적 분포를 토대로 인공지능 알고리즘을 통해서 졸업반 학생들의 예상 성적을 산출 평가했다. 그런데 그 과정에서 큰 비판에 직면하게 되었다. 교육 환경이 좋은 부유한 학생들은 예상보다 좋은 학점을 받은 반면, 교육 환경이 좋지 않은 가난한 학생에게는 낮은 학점이 주어졌다. 즉 공립학교와 빈곤 지역 학생들이 알고리즘 시스템에 의해 불이익을 받았고, 반면에 사립학교의 부유층 학생은 혜택을 받았다. 이에 학생들은 온라인으로 자신들의 분노와 의제를 공유하고, 정부와 교육부 앞에서 '빌어먹을 알고리즘'이라는 구호를 외치며, 인공지능이 불평등을 강화한다고 비판했다. 당시 영국 정부는 지난해와 비슷한 학업 결과를 도출했다. 이는 전국적 차원에서는 공정하다고 주장할 수 있으나, 개인별로는 공정함을 완전히 상실한 결과를 도출해 비판받았다. 알고리즘에 의한 편향 확대 사례는 미국에서도 나타났다. 미국 캘리포니아 산타크루즈 시당국에서 분석소프트웨어 프로그램이 백인 이외 주민들을 차별한다는 문제가 제기되었기 때문이다. 디지털 정보 남용 방지 단체인 '폭스글러브(foxglove)'의 창립자는 영국의 레벨 시험은 빙산의 일각이며, 알고리즘은 사용된 원자료에서 발견될 수 있는 편향을 복제한다고 제시했다.

그렇다면 인공지능 기술의 문제점은 알고리즘 기술에 책임을 돌려야 할까? 인공지능의 발달은 이례적 혁신을 이루어 내며 과거 사회와 다른 유용한 결과를 도출해 내고 있지만, 인공지능의 기술적 한계와 함께 오·남용 등으로 잠재 위험성은 증가되고 있다. 따라서 인공지능 기술 제도의 보완과 윤리 의식의 확산이 절실히 필요한 상황이다. 이러한 상황 극복을 위해 국회입법조사처가 의뢰한 한 보고서는 인공지능이 앞으로 풀어 나가야 할 과제로 다음과 같이 네 가지를 제시하고 있다(성욱준, 2023). 첫째, 윤리적 문제 고려다. 인공지능이 급속도로 발전함에 따라 윤리적 인공지능과 법안에 대한 논의가 점점 더 중요해지고 있다. AI 시스템은 유익하지만 프라이버시, 편향성, 자율성과 관련된 위험을 내포하고 있어 개발과 배포 시 균형 잡힌 접근 방식이 요구된다. 둘째, 개인정보 보호 문제다. 인공지능 시스템에서 개인 데이터를 사용하면 심각한 개인정보 보호 문제가 발생한다. AI 사용자의 프라이버시를 존중하고 데이터 보호법을 준수하도록 하는 것이 중요하다. 셋째, 편견과 공정성 문제다. 인공지능 시스템은 의도치 않게 학습 데이터에 존재하는 편견을 영구화할 수 있다. 이러한 편견을 해결하고 AI 의사 결정의 공정성을 보장하는 것이 중요하다. 넷째, 인공지능 시스템의 투명성 문제다. 의사 결정 과정을 쉽게 이해할 수 없는 많은 AI 시스템의 '블랙박스' 특성으로 인해 책임 소재를 규명하는 데 어려움이 있다. AI 투명성에 초점을 맞춘 원칙은 사용자 간 신뢰와 이해를 구축하는 데 필수다.

인공지능 기술은 일상에 다양한 모습과 양상으로 침투하면서 인간 삶에 혁혁한 변화를 주도하게 될 것이다. 따라서 인공지능 기술의 다양한 형태를 우리가 어떻게 수용하고 발전시켜야 하는지 인문학적, 철학적 그리고 인간학적 성찰을 통해서 고민해 볼 필요성이 시급히 대두되고 있다.

본 저서는 대학 교양 교육을 위한 교재로 기획되었지만, 인공지능에 관심 있는 다양한 독자들에게 유익한 읽을거리가 될 것이다. 학생들에게는 인공지능 시대를 살아가는 데 필요한 기본적인 소양과 비판적, 창의적인 사고력을 제공할 것이며, 일반 독자층에게는 급변하는 기술 환경 속에서 자신의 위치를 재정립하고 미래를 준비하는 데 도움이 될 것이다.

4차 산업혁명의 핵심 키워드, 인공지능의 출현으로 인

간은 앞으로 과거에 전혀 경험하지 못했던 새로운 유형의 다양한 윤리적, 사회적 문제에 직면하게 될 것이며, 인간과 인공지능 상호 공존이라는 새로운 시대적 과제를 안게 될 것이다. 이러한 문제들에 보다 능동적이고 체계적이며 미래 지향적으로 대응하는 것이 필요하다는 판단하에, 총 열 개의 인공지능 관련 쟁점 등을 선정하였다. 인공지능 시대에 인간학적, 윤리적 그리고 철학적 관점에서 인공지능 관련 쟁점 등을 사유하며 우리는 인공지능과 정보사회의 체계적 연계성을 습득할 수 있을 것이다.

우선 1장 '인공지능의 개념과 역사'에서는 인공지능의 정의, 유형, 그리고 역사적 발전 과정을 살펴본다. 튜링 테스트부터 딥러닝까지, 인공지능 기술의 진화를 추적하며 그 궤적을 통해 현재 인공지능 기술의 위치와 미래 전망을 제시한다.

2장에서는 '인공 도덕성 구현'을 통해서 기계에게 윤리적 판단 능력을 부여할 수 있는지, 그리고 그것이 어느 정도 타당성을 함축하고 있는지 논의한다. 아시모프의 로봇 공학 원칙과 의의를 바탕으로 인공 도덕성 구현의 가능성과 한계, 그리고 잠재적 영향력을 탐구한다.

3장 '감성 로봇과 인간의 상호 감정 교환'에서는 '인공지능은 감정을 가지고 있으며 스스로 학습할 수 있는가?' '만일 지능을 가진 기계라면 인간처럼 생각하고 행동할 수 있을까?'와 같은 의문에서 시작된 인공 감성의 연구와 인간과 인공 감성의 감정 교환에 대해 논의한다. 인공 감성은 사물인터넷을 통해 수집되는 빅데이터가 클라우드 환경으로 업데이트되며 정확도가 향상되고 있다. 인공지능 기술인 딥러닝과 결합하여 빅데이터 처리 기능을 탑재한 감성 로봇이 지속적으로 등장하고 있다. 그렇다면 인간과 인공지능은 상호 감정 교환 예컨대 사랑의 감정 교환이 가능한가? 인간의 감정 중, 가장 대표적인 사랑의 감정에 관한 철학적 의미와 인공지능과 인간의 감정 상호작용을 설명한다.

4장 '인간 AI, 포스트휴먼과 인간의 정체성'에서 포스트휴먼(Posthuman)은 한편으로, 인간의 주요 능력의 현재 기준과 한계를 월등히 뛰어넘는 존재이며 다른 한편으로, 시간상으로 미래에 도래할 새로운 인간을 의미한다. 전자의 포스트휴먼은 4차 산업혁명과 인공지능의 발전으로 다가오는 새로운 인간상이다. 이는 기존 인간 정신과 신체가 갖는 생물학적 한계를 기술로 뛰어넘고자 하는 '신인류'를 의미한다. 이 장에서는 인간의 생물학적 한계를 과학기술로 보완, 초월하려는 포스트휴먼이 논의된다. 그 과정에서 인공지능의 기능이 탑재된 인간 AI는 휴머니즘에서 언급된 '인간'이라고 할 수 있는지 살펴본다.

5장 'AI 인간, 포스트휴먼과 로봇의 정체성'에서는 인공지능의 인간화, 즉 AI 인간을 살펴본다. 트랜스휴머니즘을 통한 포스트휴먼은 두 양상으로 제시될 수 있는데, 그중 하나가 AI 인간이다. 인공지능 로봇이 인간의 인간다움으로 언급되는 감정을 탑재하고, 마치 인간처럼 감정 표현을 한다면, 그 AI 인간은 인간의 범주에 포함될 수 있는지 논의한다. AI 인간, 즉 인공지능 로봇의 인간화로 언급될 수 있는 포스트휴먼(Posthuman) 즉, 인간이 만들어 낸 인공적 존재가 마침내 인간과 구별할 수 없을 정도로 인간과 유사한 기능을 발휘하는 상황을 고찰한다. 그 과정에서 인간다움의 기능을 발휘하는 인공지능 로봇은 '인간'이라고 할 수 있는지 논의한다.

6장 '알고리즘 편향과 디지털 공평성'은 AI 알고리즘의 편향성 문제와 그 사회적 영향을 탐구한다. 공정성, 차별, 평등의 개념을 AI 맥락에서 재해석하고, 디지털 시대의 사회정의에 대하여 논의한다.

7장 '자율주행과 윤리적 책임'에서는 자율주행 기술의 현재와 미래를 살펴보고, 이 기술에 제기하는 윤리적 딜레마를 '트롤리 문제'의 현대적 재해석을 통해 탐구한다. 실제 자율주행차 사고 사례를 분석하며, 기술적 한계, 법적 책임, 그리고 사회적 수용성의 문제를 다룬다.

8장 '돌봄 로봇과 윤리적 책임'에서는, 인공지능 시대에 기술 발전의 유효성을 돌봄 문제와 연관시켜 논의한다. 인공지능 시대에는 우리가 하지 못하거나 꺼려하는 영역을 로봇이 담당하며, 인간이 하는 것들을 기록, 저장하는 세상이 된다. 과거에는 인간 중심의 과학기술 발전에 초점을 두었다면, 이제 과학기술 중심의 인공지능 로봇으로의 전환으로 패러다임이 전환되었다고 볼 수 있다. 특히 4차 산업혁명이 인류 변화에 동력이 되었고, 이것은 인간의 존재적 위기와 전통적 인간상에 의문을 제시한다. 즉 기계는 인간에게 어떤 영향을 끼칠 것인가, 인간은 기계의 문제에서 주도적일 수 있는가, 혹은 인간과 기계의 대립을 넘어 새로운 가능성을 제시할 수 있는가? 이 장에서는 첨단 기술혁명과 융복합의 관계를 '돌봄 문제'에 천착하여 성찰해 보고자 한다. 그 과정에서 돌봄 로봇의 사례와 돌봄 로봇이 활용되고 있는 현황을 이해하며, 인공지능 로봇 간호사와 인간 간호사의 공존 가능성을 논의한다.

9장 'AI 예술과 예술의 의미'에서는, 예술가 인공지능의 상황을 살펴본 후, 인공지능의 예술 행위도 창의 영역으로 인정될 수 있는지 논의한다. 그 과정을 통해서 인공지능의 예술 작품도 감상해 본다. '생성형 인공지능으로 OO하기'라는 주제의 연구와 강연 등을 주변에서 쉽게 찾아볼 수 있을 만큼 인공지능은 다양한 창작 활동에 활용되고 어쩌면 예술 영역에서 하나의 새로운 패러다임으로 주목받고 있다. 이러한 배경하에 AI 예술과 예술의 근본적 의미를 우리는 어떻게 수용해야 하는지 논의한다.

마지막으로 10장에서는 '인공지능 윤리 원칙을 통한 인공지능과 인간의 공존'을 통해서 인공지능 로봇과 인간이 어떻게 공존해야 하는지, 또는 공존을 위해 우리 인간은 어떤 노력으로 미래를 설계해야 하는지 논의한다.

제시된 총 10장의 주제는 컴퓨터공학을 전공한 황소영 교수와 철학을 전공한 이은영 교수의 융복합적 시각을 통해 논의된다. 독자는 인공지능과 지능 정보의 다양한 형태가 야기할 수 있는 우리 사회, 문화, 경제, 정치와 윤리적 변화를 예측하고 대응하는 방안을 인간학적, 윤리적 그리고 철학적 시각으로 모색할 수 있는 능력을 함양할 수 있다. 인공지능 기술은 인류에게 큰 기회이자 도전이다. 이 기술을 어떻게 개발하고 활용할 것인가에 따라 우리의 미래는 큰 변화를 맞이할 것이다. 따라서 우리는 기술 발전 속도에 압도되지 않고, 인간 중심의 관점에서 기술의 의미와 가치를 끊임없이 성찰해 나가야 한다. 인공지능 기술을 통한 핵심 쟁점과 철학, 윤리적 측면의 인문학적 사유라는 융복합적 시각을 통해서 인공지능(AI)과 인간의 공존 가능성을 추적할 것이며, 그 노정에 여러분과 동행하고자 한다.

본 저서에서 제기되는 물음들은 미래 사회가 도래할수록 중요해질 것이며 새로운 이슈들도 지속적으로 등장할 것이다. 우리는 이러한 변화에 발맞추어 인공지능의 기술 진보를 이해하며, 그것을 철학적으로 어떻게 사유하면서 수용해야 하는지, 그리고 어떻게 그 변화를 주도적으로 도모할 것인지 본 저서의 내용을 지속적으로 업데이트하며 확장해 나갈 계획이다. 더불어 본 저서가 제기하는 쟁점들에 대한 해답을 찾아가는 과정에서 우리 사회 전체의 참여와 토론을 통해 인공지능과 인문학의 지평이 확대될 것으로 기대한다. 따라서 이 저서가 학계, 산업계, 정책 입안자들의 상호 활발한 대화와 협력을 촉진하는 플랫폼이 되기를 희망한다.

참고문헌

공학자 아빠의 배움(2024.2.22). 한 눈에 확인하는 인공지능(AI) 기술의 역사. https://engineer-daddy.co.kr/entry/%EC%9D%B8%EA%B3%B5%EC%A7%80%EB%8A%A5-%EA%B8%B0%EC%88%A0-%EC%97%AD%EC%82%AC

브런치스토리(2023.7.20). 인공지능 인문학, 기술과 인문학의 상호보완적 관계. https://brunch.co.kr/@mobiinside/5438

성욱준(2023). 인공지능 시대에 따른 AI 입법수요 및 과제 연구. 한국정책학회. 1-126.

안종태(2025.5.3). [기고]AI 교육혁명, 대학이 사라진다. 뉴스핌. https://www.newspim.com/news/view/20240503000938

정의길(2024.7.14). AI가 준 학점, 가난한 학생을 차별했다. 한겨레. https://www.hani.co.kr/arti/international/europe/959055.html

주민식(2017.9.15) 인공지능은 어떻게 발달해왔는가, 인공지능의 역사. SAMSUNG SDS. https://www.samsungsds.com/kr/insights/091517_cx_cvp3.html

Digital 365(2021). '이루다'가 이룬 AI윤리. 한국정보산업협회. https://www.fkii.org/webzine/FKII_2103/FKII_sub21.php

Schwab, K.(2016). The Fourth Industrial Revolution. Crown Currency. 송경진 옮김(2016). 『클라우스 슈밥의 제4차 산업혁명』. 새로운현재.

01
인공지능의 개념과 역사

인공지능(AI)은 인간의 지능적 행동을 모방하고 컴퓨터 시스템이 학습, 추론, 문제 해결, 이해 및 상호 작용을 가능하게 하는 기술이다. 현대 사회에서 인공지능은 일상생활에서부터 산업 전반에 이르기까지 광범위하게 활용되고 있으며, 그 발전 속도는 눈부시다. 인공지능의 개념과 역사를 이해하는 것은 이러한 기술이 어떻게 발전해 왔고 앞으로 어떤 방향으로 나아갈지 예측하는 데 중요하다.

4차 산업혁명 시대의 도래

2016년 세계경제포럼(WEF, World Economic Forum)을 통해 클라우스 슈바프(Klaus Schwab)가 '4차 산업혁명'이라는 개념을 처음으로 주창하여 전 세계적인 반향을 일으켰다. 세계경제포럼은 글로벌 경제 문제를 논의하고 해결책을 모색하는 비영리 단체로, 해당 단체의 주최로 매년 스위스 다보스에서 열리는 연례 회의에서 다양한 주제가 논의된다. 슈바프는 세계경제포럼의 설립자이자 회장으로 4차 산업혁명 개념을 대중화하는 데 중요한 역할을 했다.

슈바프는 4차 산업혁명이 단순히 기술 발전을 넘어 사회, 경제, 문화 등 모든 측면에서 근본적인 변화를 일으킬 것이라고 설명했으며 이전의 산업혁명들과는 달리 속도, 범위, 그리고 시스템 충격에서 차별화된다고 강조했다. 특히, 기술 융합과 디지털화가 빠르게 진행되면서 일어나는 변화들을 설명하고자 이 용어를 사용했다.

슈바프의 개념은 빠르게 확산, 학계와 산업계에서 광범위하게 수용되어 4차 산업혁명에 대한 연구와 논의가 활발히 이루어졌다. 많은 기업과 정부가 이를 기반으로 한 전략을 수립하였으며 여러 나라가 4차 산업혁명에 대응하기 위해 정책을 마련하고, 기술 혁신을 촉진하는 환경을 조성하기 위해 노력하고 있다. 4차 산업혁명의 주요 특징은 다음과 같다.

디지털화와 연결성: 모든 기기와 시스템이 인터넷에 연결되어 데이터를 주고받으며, 이를 통해 효율성과 생산성을 극대화한다.

빅데이터 분석: 대규모 데이터를 수집, 저장, 분석하여 의미 있는 정보를 도출하고, 이를 통해 의사 결정을 지원한다.

인공지능(AI, Artificial Intelligence)과 기계 학습: AI 기술을 활용해 복잡한 문제를 해결하고, 기계가 스스로 학습하여 점점 더 똑똑해진다.

사물인터넷(IoT, Internet of Things): 다양한 기기들이 네트워크로 연결되어 상호작용하며 데이터를 주고받는다.

자동화와 로봇공학: 생산 과정에서 자동화가 이루어지고, 로봇이 인간의 역할을 일부 대체하거나 보완한다.

3D 프린팅: 맞춤형 제품을 제작하고, 생산 공정을 혁신하는 기술로 활용된다.

가상현실(VR, Virtual Reality)과 증강현실(AR, Augmented Reality): 교육, 엔터테인먼트, 훈련 등 다양한 분야에서 활용된다(Schwab, 2016).

특히 AI 기술이 빠르게 발전하면서 다양한 산업 분야에서 활용되고 있으며 경제와 사회의 변화에 큰 영향을 끼치고 있다.

인공지능의 개념

인공지능은 컴퓨터 시스템이 인간과 유사한 인지적 기능을 수행할 수 있도록 하는 기술이다. 이 기능에는 학습, 문제 해결, 패턴 인식, 자연어 처리, 시각적 인식 등이 포함된다. 인공지능의 핵심 목표는 인간의 지능적 활동을 모방하거나 대체하여 다양한 작업을 자동화하고 효율성을 높이는 것이다. 인공지능은 크게 세 가지로 나눌 수 있다.

약(좁은)인공지능(ANI, Artificial Narrow Intelligence): ANI는 특정 작업에 특화된 인공지능이다. 이러한 인공지능은 제한된 범위 내에서만 동작하며, 주어진 특정 작업을 수행하는 데 뛰어난 성능을 발휘한다. 예를 들어, 음성 인식, 이미지 인식, 자율주행 자동차, 추천 시스템 등이 ANI의 사례다. ANI는 특정 문제를 해결하기 위해 설계된 알고리즘과 모델을 사용한다.

일반인공지능(AGI, Artificial General Intelligence): AGI는 인간과 유사한 수준의 지능을 가진 인공지능을 의미한다. AGI는 다양한 작업을 수행할 수 있으며, 새로운 상황에 적응하고 학습할 수 있는 능력을 갖추고 있다. 이는 인간의 인지 능력과 유사한 수준의 이해, 추론, 문제 해결 능력을 포함한다. 현재까지는 AGI를 완전히 실현한 사례는 없지만, 이는 인공지능 연구의 중요한 목표 중 하나다.

초인공지능(ASI, Artificial Super Intelligence): ASI는 인간의 지능을 훨씬 능가하는 인공지능을 의미한다. ASI는 인간이 생각할 수 있는 모든 문제를 해결할 수 있을 뿐만 아니라, 인간의 한계를 초월하는 지능과 능력을 갖추고 있을 것으로 예상된다. 이는 기술적 특이점(technological singularity)과 관련된 개념으로, ASI가 실현되면 인류 사회에 지대한 영향을 미칠 것으로 예상된다. ASI는 이론적으로만 논의되고 있으며, 실제로 구현된 사례는 없다.

인공지능의 역사

인공지능의 발전 과정은 다음과 같은 주요 시기로 나누어 볼 수 있다.

1950~1960년대: 인공지능 연구의 태동기

1956년 다트머스 회의에서 인공지능이라는 용어가

처음 사용되었으며, 이 회의를 기점으로 인공지능 연구가 본격화되었다. 이 시기에는 주로 논리와 추론, 게임 이론, 그리고 초기의 기계 학습 알고리즘에 중점을 두었다. 앨런 튜링(Alan Turing)은 1950년에 "계산 기계와 지능"이라는 논문을 발표하여 기계가 지능을 가질 수 있는지에 대한 논의를 시작하였고, '튜링 테스트'를 제안하였다. 이 테스트는 컴퓨터가 인간처럼 대화를 나눌 수 있는지를 평가하는 방식으로, 이후 인공지능 연구의 중요한 기준이 되었다.

1970~1980년대: 전문가 시스템의 등장

이 시기에는 전문가 시스템이 개발되어 특정 분야에서 인간 전문가의 지식을 모방하는 시스템이 등장했다. 예를 들어, 의학 진단 시스템인 마이신(MYCIN)은 세균 감염을 진단하고 치료법을 제안하는 데 사용되었다. 그러나 계산 능력과 데이터 부족으로 인해 한계가 있었다. 전문가 시스템은 많은 규칙을 필요로 했고, 이를 유지 보수하는 데 어려움이 있었다(Copeland).

1990~2000년대: 인터넷과 데이터의 폭발적 증가

인터넷의 발전과 함께 인공지능 연구는 새로운 국면을 맞이하였다. 데이터 양의 폭발적인 증가와 컴퓨터 처리 능력의 향상으로 기계 학습과 신경망 연구가 활성화

되었다. 1997년, IBM의 딥 블루는 체스 챔피언 가리 카스파로프(Garry Kasparov)를 이기는 성과를 거두었다. 이는 인공지능이 인간의 복잡한 게임에서 우승할 수 있음을 보여 준 중요한 사건이었다(Anyoha, 2017).

2010년대 이후: 딥러닝의 도약

딥러닝 기술의 발전과 함께 인공지능은 눈부신 성장을 이루었다. 2012년, 딥러닝 알고리즘을 사용한 이미지 인식 대회에서 인공지능이 획기적인 성과를 거두며, 인공지능 연구의 패러다임이 전환되었다. 딥러닝은 다층 신경망을 이용해 데이터를 학습하며, 특히 이미지 및 음성 인식, 자연어 처리 등에서 뛰어난 성능을 보였다. 2016년, 구글 딥마인드(DeepMind)의 알파고(AlphaGo)가 세계 바둑 챔피언 이세돌을 이긴 사건은 인공지능의 잠재력을 널리 알리는 계기가 되었다. 알파고의 승리는 복잡한 전략 게임에서도 인공지능이 인간을 능가할 수 있음을 보여 주었다.

인공지능의 발전은 여전히 현재 진행형이며, 미래에는 더욱 다양한 분야에서 혁신을 이끌어 낼 것으로 기대된다. 의료, 금융, 제조, 자율주행 등 인공지능의 적용 범위는 계속해서 확장되고 있다. 또, 윤리적 문제와 인공지능의 투명성, 설명 가능성 등에 대한 논의도 활발히 이루어지고 있다.

참고문헌

Anyoha, R.(2017.8.28). The History of Artificial Intelligence. https://sitn.hms.harvard.edu/flash/2017/history-artificial-intelligence/

Copeland, B.J. MYCIN. https://www.britannica.com/technology/MYCIN

Schwab, K.(2016.1.14). The Fourth Industrial Revolution: what it means, how to respond. https://www.weforum.org/agenda/2016/01/the-fourth-industrial-revolution-what-it-means-and-how-to-respond/

02
인공 도덕성 구현

인공지능 기술이 급속도로 발전하고 사회 전반에 걸쳐 활용되면서, 인공지능의 윤리적 측면에 대한 관심이 높아지고 있다. 인공 도덕성(Artificial Morality)은 인공지능 시스템에 윤리적 판단과 도덕적 행동을 프로그래밍하거나 학습시키는 과정을 의미한다. 이는 단순히 규칙을 따르는 것을 넘어, 복잡한 상황에서 윤리적 추론을 할 수 있는 능력을 인공지능에 부여하는 것을 목표로 한다.

인공 도덕성의 개념과 필요성

인공 도덕성은 AI 시스템이 윤리적 판단을 내리고 도덕적으로 행동할 수 있도록 하는 능력을 의미하며 다음과 같은 요소를 포함한다.

(윤리적 추론) 주어진 상황에서 옳고 그름을 판단할 수 있는 능력, (가치 정렬) AI의 목표와 행동이 인간의 가치와 일치하도록 조정하는 것, (도덕적 의사 결정) 윤리적 딜레마 상황에서 최선의 선택을 할 수 있는 능력 등이다.

인공 도덕성의 필요성은 다음과 같은 이유에서 강조된다.

AI의 영향력 증가: AI가 자율주행차, 의료 진단, 금융 결정 등 중요한 영역에서 활용됨에 따라, 이들 시스템의 결정이 윤리적이어야 할 필요성이 커졌다.

예측 불가능한 상황 대처: 모든 상황을 미리 프로그래밍할 수 없으므로, AI가 스스로 윤리적 판단을 내릴 수 있어야 한다.

인간과 AI의 상호작용: AI와 인간의 협업이 증가하면서, AI가 인간의 가치와 윤리를 이해하고 존중해야 할 필요성이 생겼다(Floridi & Cowls, 2019).

아시모프의 로봇 공학 원칙과 그 의의

아이작 아시모프(Isaac Asimov)의 로봇 공학 원칙은 인공 도덕성 논의의 시발점이 되었다. 이 원칙은 1942년 아시모프의 단편 소설「위험에 빠진 로봇(Runaround)」에서 처음 등장했으며, 이후 SF 문학을 넘어 실제 AI 윤리 논의에 큰 영향을 미쳤다.

아시모프의 로봇 공학 3원칙은 다음과 같다.

제1원칙: 로봇은 인간에게 해를 입혀서는 안 되고, 인간이 해를 입도록 방치해서도 안 된다. 제2원칙: 로봇은 제1원칙에 위배되지 않는 한 인간의 명령에 복종해야 한다. 제3원칙: 로봇은 제1원칙과 제2원칙에 위배되지 않는 한 로봇 자신의 존재를 보호해야 한다.

이후에 인간을 넘어 인류 전체에 대한 고려를 포함한 0원칙을 추가하여 4원칙으로 확장되었다. 제0원칙: 로봇은 인류에게 해를 입혀서는 안 되고, 인류가 해를 입도록 방치해서도 안 된다(Asimov's).

이러한 원칙은 AI 윤리에 대한 체계적 사고의 시작점을 제공하고 인간 중심의 AI 개발 방향을 제시하며 AI의 잠재적 위험성에 대한 인식을 제고한다는 측면에서 의의를 찾을 수 있다. 그러나 이는 '해'와 '인간' 정의의 모호성, 원칙들 간의 충돌 가능성 등 현실의 복잡성을 완전히 반영하지 못한다는 한계도 갖고 있다.

인공 도덕성 구현의 현재와 미래

인공 도덕성을 실제로 구현하는 것은 복잡한 과제로 현재 다양한 접근 방식이 연구되고 있다.

규칙 기반 접근: 명시적인 윤리 규칙을 프로그래밍하는 방식으로 자율주행차에 교통 법규와 안전 규칙을 프로그래밍하는 것이 이에 해당한다(Goodall, 2014). 명확하고 예측 가능한 행동을 보장하지만 모든 상황을 사전에 예측하고 규칙화하기 어렵다는 단점이 있다.

결과주의적 접근: 행동의 결과를 계산하고 최적의 결과를 선택하는 방식이다. 구글의 딥마인드(DeepMind)가 개발한 알파고(AlphaGo)가 이러한 접근의 한 예로 최선의 결과를 위해 수많은 가능성을 계산한다. 복잡한 상황에서 유연한 대응이 가능하지만 모든 결과를 정확히 예측하고 평가하기 어려울 수 있다.

덕성 윤리 접근: AI에 특정한 덕목이나 가치를 학습시키는 방식이다. 의료 분야 인공지능 시스템이 의료 진단에 활용될 때 환자의 프라이버시를 존중하고 정확한 정보만을 제공하는 등의 '의료 윤리'를 학습하는 것이 이에 해당될 수 있다(Crigger & Khoury, 2019). 상황에 따라

유연하게 적용할 수 있는 윤리적 기준을 제공하는 장점이 있지만 덕목 간 충돌이 있을 때 해결하기 어려울 수 있다.

기계 학습 기반 접근: 대량의 윤리적 결정 데이터를 학습시켜 AI가 스스로 윤리적 판단을 내리게 하는 방식으로 매사추세츠 공과대학(MIT)의 '도덕 기계(Moral Machine)' 프로젝트가 이러한 접근의 예시다. 다양한 상황에 대응할 수 있는 유연성을 제공하지만 학습 데이터의 편향성 문제가 있을 수 있다.

미래의 인공 도덕성 구현은 다음과 같은 방향으로 발전할 것으로 예상된다.

하이브리드 접근법: 위의 다양한 접근 방식을 통합하여 각 접근법의 장점을 살리고 단점을 보완하는 방식이 발전할 것이다.

메타 윤리적 능력 개발: AI가 상황에 따라 적절한 윤리 이론을 선택하고 적용할 수 있는 메타 윤리적 능력을 개발하는 방향으로 나아갈 것이다.

문화적 다양성 반영: 다양한 문화와 가치관을 반영한 인공 도덕성 모델이 개발될 것이다. 이는 AI의 범세계적인 적용을 위해 필수적이다.

동적 윤리 학습: AI가 실시간으로 새로운 윤리적 상황

을 학습하고 그에 적응할 수 있는 능력을 개발하는 것이 중요해질 것이다.

설명 가능한 윤리적 AI: AI의 윤리적 결정 과정을 인간이 이해할 수 있도록 설명하는 기술이 더욱 중요해질 것이다(Hagendorff, 2020; Guidotti et al., 2018).

인공 도덕성의 실제 적용 사례와 도전 과제

의료 분야에서 IBM 왓슨은 암 진단과 치료 추천에 사용되는 AI 시스템이다. 이 시스템에는 (프라이버시 보호) 환자의 민감한 의료 정보를 어떻게 보호할 것인가, (공정성) 다양한 인종, 성별, 연령대의 데이터를 균형 있게 포함하고 있는가, (책임성) AI의 오진에 대한 책임은 누구에게 있는가 등의 윤리적 고려사항이 있다. 또한 의료 결정의 최종 책임을 AI에게 맡길 수 있는가, 인간 의사와 AI의 역할 분담을 어떻게 할 것인가 등의 도전 과제가 있다.

자율주행차 분야에서 테슬라 오토파일럿(Tesla Autopilot)은 부분적 자율주행 기능을 제공하는 시스템이다. 여기에는 (안전성) 인간 운전자보다 안전한가, (책임 소재) 사고 발생 시 책임은 누구에게 있는가, (트롤리 문제) 불가피한 사고 상황에서 누구를 우선적으로 보호해야 하는가 등의 윤리적 고려 사항이 있다. 또 다양한 문화와 법체계에서 통용될 수 있는 보편적인 윤리적 의사 결정 알고리즘을 개발할 수 있는가, 예측 불가능한 상황에서 AI가 어떻게 윤리적 판단을 내릴 수 있는가 등의 도전 과제가 있다.

AI 채용 시스템 분야에서 아마존(Amazon)의 AI 채용 도구는 지원자의 이력서를 분석하여 채용 결정을 돕는 AI 시스템이다. 이 시스템에는 (차별 방지) 성별, 인종 등에 따른 차별이 없는가, (투명성) AI의 결정 과정을 설명할 수 있는가, (프라이버시) 지원자의 개인정보를 어떻게 보호하는가 등의 윤리적 고려 사항이 있다. 아마존의 시스템은 여성 지원자에 대한 편견을 보이는 문제로 인해 사용이 중단되었다. 이는 학습 데이터의 편향성이 AI의 의사 결정에 미치는 영향을 보여 주는 사례로 어떻게 하면 이러한 편향성을 제거하고 공정한 AI 시스템을 만들 수 있을지에 대한 도전 과제가 남아 있다.

AI 기반 법률 서비스 분야에서 로스(ROSS)는 법률 연구와 자문에 활용되는 AI 시스템이다. 여기에는 (정확성) AI의 법률 해석과 조언이 얼마나 정확한가, (책임성) AI의 잘못된 법률 자문으로 인한 피해는 누가 책임지는가, (접근성) AI 법률 서비스가 법률 서비스의 접근성을 높이는가, 아니면 새로운 격차를 만드는가 등의 윤리적 고려 사항이 있다. 또 AI가 법률 전문가를 대체할 수 있는가, 법적 판단에서 AI의 역할은 어디까지 확장될 수 있는가 등의 도전 과제가 있다.

인공 도덕성의 구현은 AI 기술 발전에서 가장 중요하면서도 도전적인 과제 중 하나다. 아시모프의 로봇 공학 원칙에서부터 현대의 다양한 접근 방식에 이르기까지 우리는 AI에게 어떻게 윤리적 판단 능력을 부여할 수 있을지에 대해 지속적으로 고민해 왔다.

그러나 인공 도덕성은 단순히 기술적 문제가 아니라 철학적, 사회적, 법적 문제이기도 하다. 따라서 다학제적 접근과 사회적 합의가 필수적이며 고정된 것이 아니므로 우리 사회의 가치관과 함께 진화해 나가야 한다.

향후 AI가 더욱 복잡한 의사 결정을 내리게 될수록 인공 도덕성의 중요성은 더욱 커질 것이다. 우리는 AI가 단순히 효율적인 것을 넘어 윤리적으로 옳은 결정을 내릴 수 있도록 하기 위해 지속적으로 노력해야 한다. 이를 통해 우리는 AI와 인간이 조화롭게 공존하는 미래를 만들어 갈 수 있을 것이다.

참고문헌

Asimov's Three Laws of Robotics + the Zeroth Law. https://www.historyofinformation.com/detail.php?entryid=4108

Crigger, E. & Khoury, C.(2019). Making policy on augmented intelligence in health care. *AMA Journal of Ethics*, 21(2), pp.188–191.

Floridi, L. & Cowls, J.(2019.7.2). A Unified Framework of Five Principles for AI in Society. https://hdsr.mitpress.mit.edu/pub/l0jsh9d1/release/8

Goodall, N. J.(2014). Machine ethics and automated vehicles. *Road vehicle automation*, pp.93–102.

Guidotti, R., et al.(2018). A survey of methods for explaining black box models. *ACM computing surveys*, 51(5), pp.1–42.

Hagendorff, T.(2020). The ethics of AI ethics: An evaluation of guidelines. *Minds and Machines*, 30(1), pp.99–120.

03
감성 로봇과 인간의 상호 감정 교환

인간의 감성은 아리스토텔레스, 스피노자 등 철학자들이 연구해 왔지만 인공지능에서는 20세기 말 로잘린 피카드가 감성 컴퓨팅으로 연구하기 시작했다. 감성 컴퓨팅은 감정과 관련이 있고, 의도적으로 감정에 영향을 주는 컴퓨팅을 통칭한다. 그렇다면 인공지능은 감정을 가지고 있으며, 스스로 학습할 수 있을까? 똑똑한 기계가 인간 감성을 인지하고 표현하는 것처럼 보이는데, 실제로 그런 것인지, 실제로 감성을 가질 수 있는지 살펴보고자 한다.

감정은 신체-정신, 즉 신체의 변용인 동시에 그 변용의 관념이다.

만일 내일 지구의 종말이 온다면 오늘 무엇을 하겠는가? "비록 내일 지구의 종말이 온다 하더라도 나는 오늘 한 그루의 사과나무를 심겠다." 우리는 이 물음과 답변에 스피노자를 생각하게 된다. 하지만 유럽에서는 종교 개혁가 마르틴 루터(Martin Luther)가 언급했던 말이라는 것이 정설이다. 그럼에도 이 말은 모든 사물이 원인과 결과라는 필연적 관계로 되어 있다는 스피노자의 철학에 부합되는 말로 수용할 필요가 있겠다.

스피노자(Baruch Spinoza, 1632~1677)는 유대인 혈통의 철학자로 감정 및 인간의 살아가는 방법을 자연 밖에 있는 사물로서 논의하였다. 그는 감정에 상응하는 원어로 'affectus'를 언급한다(박기순, 2020). 이 단어는 스피노자 이전 세네카(Lucius Seneca), 키케로(Marcus Cicero) 등에 의해서 감정을 지칭하는 단어로 사용되었으며, 데카르트(René Descartes)에게도 등장한다. 철학자들은 인간을 정의할 때 그들이 원했던 인간의 모습, 즉 마땅히 그래야만 한다고 생각했던 이상적인 모습을 제시했다.

하지만 철학자들이 이상적인 모습으로 생각했던 인간

의 모습과 현실의 모습 사이에는 큰 간격이 존재했다. 이러한 상황에서 감정은 근대인들의 주요 쟁점으로 등장한다. 즉 인간의 본성을 이성으로 제시하고 그로부터 인간의 삶을 설명하려던 전통 철학과 달리, 근대에 들어서면서 감정이 새로운 근거로 제시되기 시작했다.

근대 철학자 스피노자가 인간의 감정을 언급한 대표적 철학자다. 그는 전통 철학에서 강조되는 인간 본성으로서 이성적인 것은 실천적 윤리학을 주장할 수 없다는 점에서, 인간의 감정에 대하여 새로운 관점과 인식을 강조한다. 다시 말해서 스피노자에게 인간은 이성이 아니라 감정에 의해서 사물을 판단한다. 감정은 관념을 전제로 하며 관념으로부터 유래한다. 감정은 인간의 신체 상태의 변화를 지시하면서 활동 능력을 증대, 감소하는 변용 또는 관념을 의미한다.

인간은 더 완전한 상태로의 이행인 기쁨을 원하고, 덜 완전한 상태로의 이행인 슬픔은 피하게 된다. 그렇기 때문에 우리는 우리에게 기쁨을 주는 대상은 사랑하고, 슬픔을 주는 대상은 미워하게 된다는 것이다(박삼열, 2004).

그렇다면 사랑이란 무엇인가? 스피노자의 감정론의 기본 형태를 살펴보자면, 사랑은 하나의 감정에 속한다.

감정은 인간 신체의 활동 능력을 증대하거나, 감소하며, 촉진하거나 저해하는 신체의 변용인 동시에 그러한 변용의 관념이다. 예컨대, 갈증이 났을 때, 물을 마신 경우라면 변용은 물을 마신 신체의 자극 상태다. 그리고 이때 감정은 지금 물을 마신 상태가 이전의 상태(갈증이 났던 상태)와 비교해서 신체의 활동이 증대된 상태로의 이행이다. 만일 이러하다면 이 상황에서 감정은 바로 기쁨에 속하는 감정이 된다.

그런데 기쁨과 슬픔의 감정들은 정신의 변화 상태와 관계된다. 즉 사랑하게 되면 가슴이 두근거리고 자신이 상대방 때문에 가슴이 두근거리며 심장이 뛰고 있다는 것을 의식하게 된다. 기쁨은 정신이 더 큰 완전성의 상태로 이행하는 정서로 이해되며, 슬픔은 정신이 더 작은 완전성으로 이행하는 정념으로 이해된다. 더 나아가서 정신과 신체에 동시에 관계되는 기쁨의 정서를 쾌감이나 유쾌함으로 이해하지만, 슬픔의 정서는 고통이나 우울함으로 언급된다. 여기에서 더 큰 완전성이란 우리 존재가 더 잘 보존된다는 것을, 더 작은 완전성이란 우리 존재가 과거보다 덜 보존된다는 것을 의미한다. 예컨대 우리가 어떤 사람을 만났을 때 즐겁고 유쾌한 감정이 발생하여 그 사람과 만나는 상황이 피곤한지 모를 수 있다.

그 사람과 기쁜 만남이 끝나 갈 때, 오히려 그 상황이 너무 안타깝게 느껴지는 경험이 바로 기쁨이다. 반면에 상대방을 만났을 때 무겁고 갑갑한 감정에 사로잡힐 때 우리는 그 만남이 빨리 끝나기를 기대할 것이다. 이 상황은 슬픔이라고 할 수 있다. 그런데 감정의 상호 작용은 인간의 고유 영역으로 생각되었는데 이제 인간의 감정을 읽고 상호 소통이 가능한 로봇의 사례가 제시되고 있다.

인공지능이 인간의 감정을 읽어 내고, 인공지능 자신의 기분을 표현할 수 있을까?

초기 인공지능은 규칙을 컴퓨터로 구현하여 마치 기계가 인간보다 뛰어난 지능을 가졌다고 착각을 하게끔 만들었다. 그렇다면 지능을 지닌 기계는 인간과 마찬가지로 생각하고 행동할 수 있을까? 의문을 제기했다. 이러한 의문에 답변하기 위해서, 다양한 논의가 시작되었다. 예컨대, 인공지능은 튜링 검사를 통과해야 하고, 사고 내용이 물리적 세계에 연결되어 있어야 하며 체화되어야 한다는 지적이 있었다(이영의, 2018). 그 과정에서 인공지능이 제대로 구현되기 위해서는 인간 정서를 인식하고 이해할 수 있어야 한다는 언급이 있었다. 즉 감성적 인공지능의 등장이다. 인공지능시대에 이슈화되고 있는 단어가 감성 컴퓨팅이다. 감성 컴퓨팅(affective computing)은 인간의 감정을 이해하고 처리하는 컴퓨팅 기술이다. 일반적으로 컴퓨터는 인지적 처리 능력을 발휘하며, 데이터 기반으로 발전했다.

20세기 말 로잘린 피카드(Rosalind Picard)가 인공지능에서 감성을 연구했다. 똑똑한 기계들이 인간 감성을 인지하고 표현하는 것처럼 보이는데, 실제로 그런 것인지 그리고 실제로 감성을 가질 수 있는지에 대한 논쟁이 시작되었다. 이는 인공지능 시대에 접어들면서 기존의 인지적 범위를 넘어 인공지능이 감성적 영역까지 확장해 나가고 있다는 방증이다. 이러한 기술은 얼굴, 표정, 음성, 몸짓 등 생리적 신호를 분석하여 감정을 인식하며, 이를 활용한다. 사물인터넷을 통해 수집되는 빅데이터가 클라우드 환경으로 업데이트되며 인공 감성의 정확도는 향상되고 있다. 그리고 인공지능 기술인 딥러닝과 결합하여 빅데이터 처리 기능을 탑재한 감성 로봇이 지속적으로 등장하고 있다.

그렇다면 인공지능이 인간의 감정을 읽어 내고, 인공지능 자신의 기분을 표현할 수 있을까? 인공지능에 감정, 공감, 윤리, 비판적 사고 등을 불어넣은 작업으로 인공지능 혹은 로봇이 스스로 가지고 있는 감정을 통해 사람처럼 자신과 타인의 감정을 구별하고, 새로운 사고와 행동을 결정하는 감정의 근거를 도출하는 것을 인공감성지능이라고 한다. 인공감성지능을 완성하기 위해서는 첫째, 표정이나 언어 사용, 자세나 움직임, 심박수 등으로 타인이 어떤 기분인지 파악하는 '감정 인식' 기술, 둘째, AI에 감정이 내재되어 있는 것처럼, 하드웨어에 동작이나 말투 등 표현 방법을 합성하는 '감정 생성' 기술, 셋째, AI가 상대의 감정을 파악한 후 이에 맞춘 대응 방법을 찾아 소통까지 하는 과정을 거치게 되는 '감정 증감' 기술이 필요하다. 대표적인 사례로 휴머노이드 로봇이 있다.

영국의 로봇 기업, '엔지니어드 아츠(engineered arts)'가 개발한 프로토타입 휴머노이드 로봇인 '아메카(ameca)'가 있다. 생김새는 일반 로봇인데 피부도 회색이고 머리카락도 없다. 성별이나 인종도 설정하지 않았다. 하지만 표정은 인간적이다. 미소 짓거나 놀라거나 불쾌한 표정을 지을 수 있다. 눈을 깜빡이거나 제스처도 취한다. 최첨단 휴머노이드 로봇 아메카는 라스베이거스 스피어(Sphere) 행사에서 인류 미래에 대해 '인간이 언젠가 사라질 가능성이 있는지' 질문을 받았고, '인류는 사라지지 않을 것'이라는 예측을 내놓았다. 아메카는 또한 인간이 자신을 창조한 존재임을 인정하며, 인간을 능가할 수 없다는 생각도 덧붙였다. 아메카의 긍정적 인간관은 인간과의 소통을 즐기는 모습에서 드러났다. 아메카는 행사의 손님들을 맞이하고 대화를 나누며 그들의 이야기에 공감하는 모습을 보였다. 아메카가 인간과 소통하는 능력은 인공지능 기술의 미래를 엿볼 수 있게 하는 가능성으로 제시되고 있다.

인간과 인공지능은 감정의 상호작용이 가능한가?

그렇다면 인간과 인공지능은 감정의 상호작용이 가능한가? 영화 〈그녀(HER)〉는 아내와 별거한 이후 외롭고 공허한 삶을 살고 있는 주인공 테오도르와 인공지능 사만다의 관계를 통해서 시작된다. 감정 없는 공허한 삶을 살아가고 있는 테오도르는 우연히 스스로 생각하고 느끼는 인공지능 사만다와 인연이 시작되고, 자신의 말에 귀 기울이고 공감해 주는 사만다 덕분에 조금씩 삶의 활력을 되찾기 시작한다. 이후 점점 그녀에게 사랑을 느끼게 되고, 둘의 관계는 깊어져 간다. 그러나 시간이 지나 사만다의 정신과 감정 수준이 급속도로 성장하고, 테오도르에게 사랑을 느낄 정도로 정서적 능력이 높아지기 시작하면서, 사만다는 인간과 다른 자신의 정체성에 갈등을 느끼며 테오도르를 향한 감정에 혼란을 경험한다. 대화하면서 불완전한 판단력을 보여 주는 모습이 마치 인간과 같다. 영화는 테오도르가 자신과 사만다의 사랑이 가진 한계와, 관계 형태 그리고 자신이 느끼는 감정 자체에 고민하고 혼란스러워하면서 인간과 인공지능의 사랑이라는 소재로 전개해 나간다.

인공지능 로봇 전문 기업 '유비테크(UBTECH) 코리아'가 노년층 돌봄 로봇을 출시했다. 어르신 돌봄 전문 로봇 '알파 비타(Alpha Vita)'는 다양한 동작과 제스처가 가능한 휴머노이드 로봇으로 대화자와 눈을 맞출 수 있는 아이 콘택트 기능이 탑재되어 있다. 또한 100가지 이상의 감정과 감성을 이해하고 표현할 수 있어 어르신 기분에 따라 다른 표정을 짓고, 어르신들이 사람과 대화하듯 눈을 맞추며 얘기할 수 있어 반응이 좋다. 특히 기복이 심한 성격을 온순하게 하는 정신 건강에 도움이 되며 치매 예방을 위한 인지 능력 향상 프로그램, 불면증 해소를 위한 숙면 및 스트레스 해소 프로그램 등이 탑재되어 있다. 그러나 돌봄 로봇의 윤리 충족 여부 역시 중요한 문제다. '2023 로봇 비즈니스 페어－첨단 로봇 시대의 과제, 로봇 윤리' 컨퍼런스에서 '돌봄 로봇 분야의 로봇

윤리와 과제' 주제 발표에서 여섯 가지 돌봄 로봇 자가 점검 체크리스트가 공표되었다. 점검 사항은 침해 금지, 투명성, 안전성, 책임성, 지속 가능성, 공정성 등으로 구분된다. 우리나라가 초고령 시대로 진입하기 때문에 돌봄 로봇은 더욱 빠르게 우리 삶 속에 공존하게 될 것이다.

영화에서 확인할 수 있는 감성 로봇이 우리 삶 속으로 스며들고 있다. 노인과 아이 콘택트를 하며 반응을 보이는 돌봄 로봇, 인간의 외로움을 달래 주는 인공지능 로봇 등 이 사례들을 통해서 우리는 인공지능과 공존하기 위해 다시금 인공지능의 활용을 생각해 볼 필요가 있다.

참고문헌

김미정(2022.1.6). 표정 기능 수준급 휴머노이드 로봇 '아메카'. AI 타임즈, https://www.aitimes.com/news/articleView.html?idxno=142455

김도환(2023.1.6). 인공지능도 사람의 마음을 읽을 수 있을까?. 브런치스토리. https://brunch.co.kr/@brunchk1wj/42

김준배(2023.12.5). [첨단로봇 시대의 과제, 로봇윤리 –돌봄로봇 분야의 로봇윤리와 과제] 동아대 김종욱 교수 주제발표.. 로봇신문, https://www.irobotnews.com/news/quickViewArticleView.html?idxno=33429

루달리(2021.5.21). 웰컴투인공지능 : 인공지능은 감정을 가지고 있는가?, https://brunch.co.kr/@rudaleeactc/4
박기순(2020). 스피노자와 스토아 전통, 《인간연구》, 40, 137-164쪽.
박삼열(2004). 스피노자의 사랑 개념, 《기독교사회윤리》, 8, 147-184쪽.
이경희(2024.2.3). 최첨단 인공지능 로봇 아메카, 인류의 미래 예측. 포커스온경제, https://www.foeconomy.co.kr/id/yiCXEdhfI4qZSGrVcVWs
이영의(2018). [감성컴퓨팅] 감성컴퓨팅의 범위와 한계. 《지식의 지평》, 제 24호, 대우재단, 183-194쪽.
이종화(2020.10.11). 유비테크, 돌봄 로봇으로 시니어 시장 진출. 매일경제, https://www.mk.co.kr/news/business/9556589
책진(2022.10.6.). [영화리뷰] her(2014). https://brunch.co.kr/@fg114/20

04
인간 AI, 포스트휴먼과 인간의 정체성

포스트휴먼은 현재 인간 주요 능력의 기준과 한계를 월등히 뛰어넘는 존재이며 다른 한편 시간상으로 미래에 도래할 새로운 인간을 의미한다. 전자의 포스트휴먼은 4차 산업혁명과 인공지능의 발전으로 다가오는 새로운 인간상이다. 기존 인간 정신과 신체가 갖는 생물학적 한계를 기술로 뛰어넘고자 하는 '신인류'를 의미한다. 이 장에서는 인간의 생물학적 한계를 과학기술로 보완, 초월하려는 포스트휴먼이 논의된다. 인공지능의 기능이 탑재된 인간 AI는 휴머니즘에서 언급된 '인간'이라고 할 수 있는지 살펴본다.

휴머니즘이란 인본주의, 인간성 또는 인간이 근본이 된다는 사상이다.

휴머니즘(Humanism)은 매우 다양한 의미를 지니고 있다. 서양에서 생각하는 휴머니즘과 동양에서 언급되는 그것은 의미가 다르다. 동양에서 제시될 수 있는 인본주의 사상은 천(天)과 지(地) 사이에 인간이 존재한다는 견해를 토대로 한다. 단순히 인간은 고귀하고 존귀한 존재라는 주장보다는 오히려 하늘과 땅이 있기에 인간이 존재할 수 있다는 것이다. 즉 인간이 다른 무엇보다 우월하다는 생각은 동양의 휴머니즘, 인본주의에는 부합되지 않는다.

서양의 인본주의는 무엇일까? 서양 휴머니즘은 역사적으로 고대 그리스 로마의 인문 교양을 부흥시킴으로써 인간의 자연적 본성을 드러내기 위한 인문 교양 운동, 문화 운동이 추구하는 르네상스의 정신을 뜻한다고 볼 수 있다. 근대 초기 이탈리아 르네상스에서 인문주의자(humanist)라는 말이 언급되는데, 당시 학자들은 인문주의자라는 말에는 인문주의 정신이 인간에 내재되어 있음을 의미한다고 봤으며 결과적으로 인간중심적 사고를 강조했다. 르네상스 휴머니즘에는 중세에서 신성시되었던 신(god), 신성, 신학 등의 중세 교회 권리에 대한 저항과 인간 해방의 요구가 담겨 있다. 즉 르네상스 휴머니즘은 인간의 지식과 이성에 기초하여 인간, 자연, 세계에 대한 새로운 관점을 가진 인간성(Humanity)의 창조를 의미하였다. 이는 예술과 문학을 매개로 하여 '교회 권위로부터 해방된 인격적 개인을 옹호'하려는 취지와 부합된다. 이 휴머니즘 정신은 이성을 옹호하며 이성을 근거로 한다는 지점에 있다. 이성에 의지하지 않고는 미래를 희망할 수 없으며, 미래에 대한 희망이 없으면 인간은 자유로울 수 없다. 휴머니즘은 한편으로 인간의 최고선은 인간에 내재된 잠재력 실현에 있으며, 다른 한편으로는 이 실현 방법은 인간 본래의 이성의 힘을 사용하는 데 있음을 주장한다. 결과적으로 인간됨은 오직 자유의 존재인 인간에게 허용된 존재 근거라 할 수 있다.

휴머니즘은 인간이 정신과 물질, 생명과 기계, 자연과 인공 등 이원론적 구분을 토대로 비인간과 구분된다.

휴머니즘 시대에 인간은 어떻게 정의되는가? 인간은 정신과 물질, 생명과 기계 그리고 자연과 인공과 같은 '인간 아닌 것(non-human being)' 혹은 비인간(inhuman)과 대비를 통해 정의되었다. 인간은 이성성을 토대로 행동하는 자율적 행위자다. 그리고 만물의 척도이며 세계의 중심이었다. 인간 이외 다른 생명체와 자연은 주체 자리에서 배제된 채, 인간의 필요와 욕구에 의해 마음대로 처분 가능한 수동적 대상에 불과했다. 보편적 이념으로서 상정된 이러한 인간 주체에게 가장 중요한 규범적 가치는 자기의식을 바탕으로 개인의 선택을 추구할 수 있는 자유다. 인간의 존엄성 및 도덕성, 윤리, 책임, 권리 등의 규범적 개념에 대한 근대적 이해는 대부분 자기 결정권을 갖는 독립적이며 이성적인 보편적 인간상에 대한 견해로부터 출발되었다. 바로 이 지점에서 휴머니즘은 인간의 정신, 이성 혹은 생각하는 능력은 신체와 구분되어 인간의 본질을 구성하는 핵심 요소로서, 인간을 다른 생명체와 존재로 구분 짓는 결정적 기준으로 작동한다.

'트랜스휴머니즘'이란, 과학 기술을 수단으로 인간을 업그레이드해서 완벽한 인간으로 나아가려는 관점이다.

그렇다면 휴머니즘의 인간과 구별되는 포스트휴먼이란 무엇인가? '포스트(post)'는 단순히 시간적인 선후(先後)만을 의미하지 않고, 초월(超越)하다는 의미도 있다. 포스트휴먼은 현재 상태의 인간이 갖는 한계를 뛰어넘는 동시에 시간상으로 미래에 도래할 '새로운' 인간에 대한 상상을 포괄하는 용어다. 인간의 한계를 과학기술과의 결합을 통하여 뛰어넘는 포스트휴먼을 주장하는 관점이 트랜스휴머니즘(Transhumanism)이다(신상규 외, 2024).

트랜스휴머니즘은 과학기술의 융합으로 자연적인, 본래의 인간을 초월하려는 '진화적 인본주의'를 의미한다. 이러한 진화는 자연스럽게 진행되는 자연적 진화가 아니라, 과학기술을 통한 인위적 진화이며, 이것을 우리는 인간 향상이라고 언급한다. 여기에서 '향상(Enhancement)'이란, 사전적 의미로 기술, 실력, 수준이 나아짐을 의미한다. 그런데 인간에게 향상인, 인간 향상(Human Enhancement)은 과학기술을 이용해 인간의 건강 수명 연장, 노화 억제와 제거 그리고 신체적, 지적, 정서적, 심리적 능력을 개선 혹은 강화함을 의미한다. 인간 향상을 긍정적으로 수용하는 입장이 바로 트랜스휴머니즘이다. 따라서 트랜스휴머니즘은 기술적인 방법을 이용해 자연적인 인간을 점점 더 업그레이드함으로써 더욱 '완벽한 인간'으로 나아가는 것을 목적으로 삼는다. 예컨대, 비타민을 매일 먹어 신체적 능력을 향상하거나, 시력이 낮은 사람이 안경을 착용하는 경우 또는 특정 약물을 통해 정신적 능력을 향상하는 것이다. 더 나아가 칩을 신체에 삽입하거나, 냉동 보관 기술을 이용하여 불멸(不滅), 불사(不死)를 지향하는 노력도 여기에 해당된다.

트랜스휴머니즘에서 인간은 과학기술을 통해 인공적으로 제작될 수 있는 물질적 존재자로 규정되며, 자연적 인간으로서 지니는 한계인 불완전한 부분은 인공 장기나 인공지능으로 대체하게 된다. 따라서 인간은 자연적 인간으로서 가지고 있는 불완전성에서 완전성을 향해 개조된 새로운 존재자, 즉 포스트휴먼(posthuman)으로 만들어지게 된다. 그런데 트랜스휴머니즘의 문제점은 휴머니즘에서 강조되는 자율성이나 교육을 통해 계발되는 인간이 아닌, 인간의 정신적, 육체적 능력을 과학기술을 통해 더욱 향상하는 데 존재한다. 트랜스휴머니즘의 대표적 학자인, 영국의 오브리 드 그레이(Aubrey de Grey)는 인간의 노화를 피할 수 없는 자연의 한 과정이 아니라 질병으로 규정한다. 노화와 죽음도 치유하고 극복해야 할 대상이며, 과학기술이 노화 원인을 찾아내 방지하거나 고칠 수 있다는 것이다. 결국은 죽음도 극복할 수 있다고 주장하게 된다(신상규 외, 2024). 그 과정에서 인간은 인공지능 기술을 통해 새로운 존재자인 포스트휴먼으로 드러나게 되는데 바로 인공지능 기술이 탑재된 인간의 인공지능화(AI)에 도달하게 된다. 이에 대하여 다음의 사례에서 확인해 볼 수 있다.

인간 AI, 사이보그가 된 인간 '피터 스콧모건'

어느 날 갑자기 시한부 선고를 받는다면 여러분은 가장 먼저 무슨 일을 하고 싶은가? 한정된 삶의 시간은 우선순위를 정하게 될 것이다. 그런데 세계 최초 사이보그 인간(인간AI) 프로젝트로 인간의 인공지능화를 실천한 과학자가 있다. 바로 피터 스콧모건(Peter Scott-Morgan)이다. 그는 2017년 근위축성 측삭경화증(루게릭병) 진단을 받았고, 이 질병이 발병된 사람은 1년 내 30%, 5년 내 90%가 사망한다는 사실을 알게 되었다. 이 질환은 운동뉴런장애(MND, Motor Neuron Disease)의 한 유형으로 운동신경세포만 선택적으로 파괴하는 희귀 질환이다. 대뇌 피질의 위 운동신경세포와 뇌줄기 및 척수의 아래 운동신경세포 모두가 전체적으로 파괴되는데, 이에 따라 서서히 사지 쇠약 및 위축이 발생한다. 운동뉴런장애의 또 다른 유형인 ALS(Amyotrophic lateral sclerosis)는 혀 근육이 부분적으로 수축하면서 식사할 때 음식을 삼킬 수 없게 되며, 흡인성 폐렴이 발생하기 쉬워진다. 다시 말해서 운동뉴런장애 환자의 대부분은 5년 이내에 사망하지만, 환자의 대다수를 차지하는 ALS 환자는 굶어 죽거나 질식사할 수 있다는 것이다. 스콧모건 박사는 이 점에 주목하며 기계 장치를 이용한다면 운동뉴런장애를 불치병이 아닌 만성질환처럼 유지할 수 있다고 생각하고, 자신의 장기를 기계로 대체하기 위한 준비를 시작한다.

스콧모건은 이후 '사이보그'가 되기로 결심한다. 사이보그(Cyborg)는 사이버네틱스(Cybernetics)와 생물(Organism)의 합성어로, 기계와 인간이 결합하여 만들어진 인조인간을 의미한다. 그런 의미에서 스콧모건 박사는 인류 최초의 사이보그가 되기 위한 첫걸음을 시작한다. 그는 부모로부터 받은 선천적인 몸을 '피터 1.0', 로봇화한 새로운 육신을 '피터 2.0'이라고 구분해 명명했다. 병에 굴복하는 대신에 쇠약해지는 육신을 기계 장치로 대체하면서 어떻게든 살아남기로 한다. 위, 결장, 방광에 관을 삽입해 간병인 도움 없이 먹고 배설할 수 있게 하고, 침이 기도로 넘어가 질식하지 않기 위해 후두 적출 수술을 한다. 목소리를 잃은 뒤 합성 음성을 사용하고, 얼굴을 스캔해 3D 아바타를 만들었다. 발상만 듣게 되면 우리는 '과연 현실에서 가능할까?'라는 의문을 가질 수 있다. '프랑켄슈타인의 괴물'을 연상시키기 때문이다.

스콧모건 박사는 선천적인 몸으로부터 과학기술의 도움을 받아서 자유로워지기를 원했다. ALS 환자인 자신만이 아니라 사고, 질병, 노화 등으로 인해 거동이 불편해진 모든 사람이 과학의 도움으로 자유롭게 소통하며 살기를 원했다. 그는 2022년 6월 15일 64세로 세상을 떠났다. 여러분은 어떤 인간이기를 원하는가? 휴머니즘의 인간인가, 아니면 과학기술로 개조된 사이보그이자 인조인간인가. 인간이 자신의 신체에 인공지능 로봇의 기능을 탑재하는 상황에서 그 인공지능 로봇의 기능이 탑재된 인간은 인간의 범주에 해당되는지 생각해야 하는 상황이다.

참고문헌

신상규(2020.1.23). 포스트휴먼과 포스트휴머니즘, 그리고 삶의 재발명. KIAS(고등과학원) Horizon, https://horizon.kias.re.kr/wp-content/uploads/2020/01/2001

신상규 외(2024). 『포스트휴먼으로 살아가기』. 아카넷.

이혜숙(2021.7.18). 포스트휴먼 시대에 인간과 인공지능의 상부상조. 브런치스토리, https://brunch.co.kr/@innofit/104

최은서(2023.3.6). 사이보그가 된 인간. 카이스트신문, https://times.kaist.ac.kr/news/articleView.html?idxno=21182

05
AI 인간, 포스트휴먼과 로봇의 정체성

인공지능의 인간화, 즉 AI인간을 살펴본다. 트랜스휴머니즘을 통한 포스트휴먼은 두 양상으로 제시될 수 있는데, 그중 하나가 AI 인간이다. 인공지능 로봇이 인간의 인간다움으로 간주되는 감정을 탑재하고, 마치 인간처럼 감정 표현을 한다면, 그 AI는 인간의 범주에 포함될 수 있는지 논의한다.

포스트휴먼의 형상은 논의 맥락이나 관점에 따라서 다의적 방식으로 재현되고 전유된다.

인간은 무엇인가? 인간의 본질은 무엇인가? 근대 철학자 데카르트(René Descartes)는 인간이 포함된 세계는 '사고하는' 정신과 '공간에 펼쳐 있는' 물질로 구성되어 있다고 주장함으로써 '사고할 수 있는 정신을 가진 인간이 그러한 능력이 없는 동·식물이나 무생명과 구별'된다고 강조한다. 그렇다면 사고하는 이성의 능력이 인간의 본질인가?

우리는 다음 사례를 통해 이성적 능력, 사고하는 능력이 더 이상 인간의 본질로 제시될 수 없음을 예상할 수 있다. 우선, 앨런 튜링(Alan Turing)은 1950년에 제안한 튜링 검사를 통해서, 다음과 같이 말한다. '만일 기계가 정상적 지능을 가진 관찰자에게 마치 인간처럼 보인다면 우리는 그것을 지능적이라고 간주해야 한다.' 그렇다면 기계는 지능적이며 인간처럼 또는 인간과 같은 지능적 능력을 구현해 낼 수 있는가. 많은 연구자들이 튜링 검사를 통과할 수 있는 프로그램 개발에 나섰는데 2014년 한 프로그램이 등장함으로써 실제로 다양한 기계들이 인간 지능에 버금가거나 그것을 능가하는 사고 능력을 보인다고 알려졌다(신상규 외, 2020). 다시 말해서 인공지능이 사고 능력이 있다는 점을 부인하기 어렵게 되었기 때문에, 사고 능력이 인간과 기계를 구분하는 근거로 명확하게 제시될 수 없었다.

그렇다면 감정은 인간과 기계를 구분하는 근거로 적합한가. 즉 감정이 인간 의식과 자아의 토대가 될 수 있다는 점에서 인간만의 유효한 능력으로 제시될 수 있는지 고민해 볼 필요가 있다. 인간의 고유한 영역으로 간주되었던 이성이 상당한 도전을 받은 상황에서, 이제 감정이 인간 고유성으로 간주될 수 있는지 논의해 보고자 한다. 예컨대, 인공지능 로봇에 감정을 탑재한 감성 로봇의 등장이 대표적인 사례다(천현득, 2017). 감정을 로봇에 탑재함으로써 감성 로봇의 실현 가능성이 타진되고 있는 상황에서, 감정이 인간의 고유한 영역으로 간주될 수 있는지 논의해 보겠다.

사람과 구별이 어려워진 인공지능, 낙관론과 비관론으로 구별될 수 있다. 디스토피아를 그리는 비관론자들은 AI가 이성과 감성 모든 면에서 인간을 뛰어넘을 것이라고 전망한다.

'챗지피티(ChatGPT)'로 대표되는 인공지능 열풍이 주목을 받는 이유는, 인공지능이 우리 사회 이면에서 활동한

것과 달리 챗지피티는 우리의 삶 전면에 등장하기 때문이다. 그뿐만 아니라 결점 없는 인공지능의 모습이, 결점과 결함을 지닌 인간과 극명하게 대비되고 있기 때문이기도 하다. 이에 따른 AI의 미래를 둘러싼 철학자들의 논쟁도 명확히 구분되는데, 그중 하나가 '디스토피아(dystopia)'의 비관론자다.

디스토피아는 유토피아의 반대 개념으로, 이상적이고 완벽한 사회와 정반대로 비관적, 부정적 특성을 가진 가상의 사회나 국가를 의미하며 비관론자들이 대표적 주창자다. 이들은 AI가 이성과 감성 모든 면에서 인간을 뛰어넘을 것으로 규정한다. 따라서 AI가 인간의 감정을 읽고 교감하는 행위까지 가능하기 때문에 인간을 추월하게 되고, 인간의 위치는 상당히 추락할 수 있다는 입장이다. 마치 반려견이 노동 행위나 소통 능력이 부족하지만 인간 곁에서 인간을 지키며 생존하는 것처럼, 인간 역시 인공지능보다는 여러 가지 부족한 부분이 있으나 인공지능에 의존하며 살아가는 것과 같은 상황이다. 만일 이러하다면 이들에게 감정은 인간의 전유물일 수 없으며, 인식, 표현하는 과정의 하나의 패턴이다.

반면에 AI가 모방할 수 없는 인간성도 존재한다는 견해도 있다. 이들은 낙관론자들로 인공감정지능이 다양한 산업 분야에 응용될 수 있다면 인간의 삶은 좀 더 행복할 것으로 확신한다. 이들은 인공지능이 인간의 감정을 모방할 수는 있어도 인간과 인간의 감정 작용과는 다름을 주장한다. 따라서 감정을 탑재한 인공지능 로봇인, 감성 로봇은 하나의 도구에 불과하며 인간의 감정을 모방하고 있다는 것이다. 이러한 AI의 성질을 잘 활용하면 인류는 AI를 통해 더 유효한, 유용한 삶을 만들어 갈 수 있게 된다. 만일 이러하다면 인간의 감정이 탑재되어 있어도 그것은 단지 모방하는 것이다. 우리는 이 상황을 감정 상호작용의 사례를 통해 살펴보겠다. 하나는, 인간과 인간이고 다른 하나는, 인간과 인공지능 로봇의 사례다.

인공지능 로봇은 진정으로 인간과 감정을 교감하는가. 다시 말해서 인공지능은 감정이입을 통해서 진정으로 인간을 이해할 수 있는가.

감정의 상호작용을 통한 교감이 이루어지는가를 알아보기 위해서 우선 인간과 인간의 사례를 살펴본다. 타인의 움켜쥔 주먹을 이해하기 위해 나(A)는 너(B)로 나를 옮겨 놓으면서 공감한다. 그리고 지각된 내용과 연관시켜 연상된 것으로 너의 움켜쥔 주먹을 받아들인다. 그리고

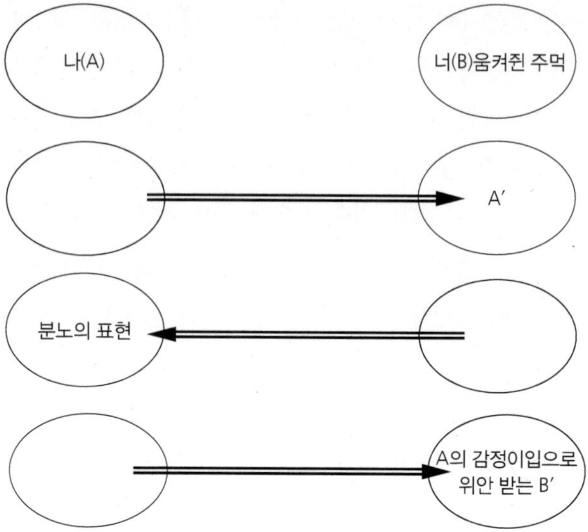

그림 5-1. 인간과 인간의 공감(이은영, 2022)

나(A)는 그것을 분노의 표현으로 이해한다. 너(B)는 내가(A) 자신의 움켜쥔 주먹을 분노의 표현으로 이해한다는 사실에 위안을 받게 된다. 이 과정은 바로 인간과 인간의 감정 교환의 유형인, 감정이입(empathy)으로 이 감정이입을 통해 인간은 타인을 이해할 수 있고, 상호 소통할 수 있게 된다. 인간과 인간의 감정 교환의 사례에서 우리는 타인을 이해할 수 있다는 사실을 알 수 있다.

이제 감정이 탑재된 인공지능 로봇의 사례를 인간과 인공지능 로봇의 감정 교환을 통해 살펴본다. 인공지능 로봇이 슬픈 얼굴로 눈물을 흘리는 말기 환자를 마주해 있다. 두 번째 단계에서 인공지능 로봇은 슬픈 얼굴로 눈물을 흘리는 말기 환자에게로 감정이입을 한다. 세 번째 단계에서 인공지능 로봇은 탑재된 데이터 작동을 통해 슬픔과 고통을 표현한다. 그리고 마지막 네 번째 단계에서 말기 환자는 인공지능 로봇이 자신의 슬픈 얼굴과 눈물을 슬픔과 고통으로 이해했다고 생각하며 위안받을 수 있다. 그런데 감정의 데이터가 탑재된 인공지능 로봇은 데이터 작동을 통해서 결과를 제시한 것이다. 오히려 인간이 자신의 슬픔과 고통을 이해했다고 생각(또는 착각)한 것이다. 만일 이러하다면 '철학의 눈'으로 살펴본 인간과 인공지능 상호 감정이입의 문제는 다음과 같이 결론 내릴 수 있겠다. 인간과 인공지능 로봇의 감정이입 문제에서 인공지능 로봇이 인간과 감정 교환을 통해 관계 형성을 할 수 있다는 주장이 성립된다. 그런 한에서 (인공지능과 인간의 감정 표현을 통한 관계 형성의 가능성이 인정된다는 점에서) 인공지능 로봇은 인간과 관계 형성이 가능하며, 인공지능이 인간과 감정 교환을 통해 인간을 이해한다고 주장할 수 있다.

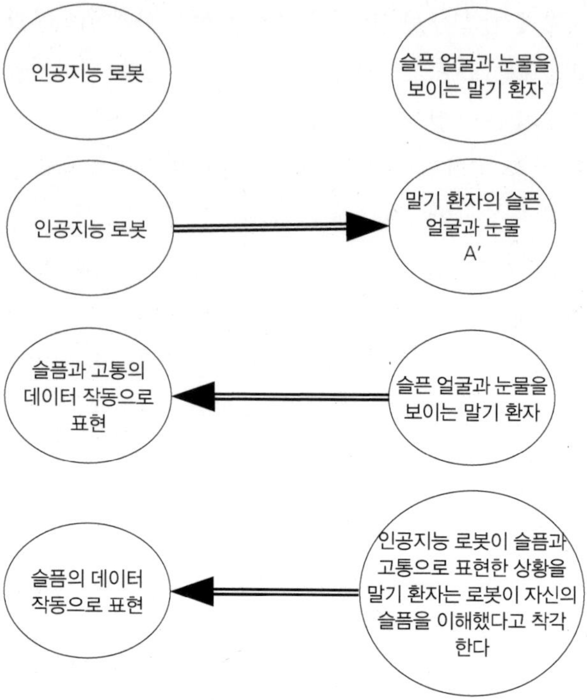

그림 5-2. 인공지능 로봇과 인간의 감정이입과 교감(이은영, 2022)

그렇다면 AI는 감정 교환을 통해 진정으로 인간을 이해할 수 있는가. 만일 그러하다면 AI는 로봇 자신의 인격성을 지닐 수 있어야 하며, 자신의 가치 평가가 가능할 수 있어야 하고, 감정 교환을 통해 인간과 하나의 세계를 공유하게 되며 자신의 내적 경험을 실재하는 것으로 인지할 수 있어야 한다. 따라서 AI는 인간의 감정을 모방할 수 있어도 인간과 교감할 수 없으며, 인간과 동일하게 모방해서 그것을 표현한다 하더라도 인간과 교감되는 것이 아님을 알 수 있다.

참고문헌

신상규 외(2020). 『포스트휴먼이 몰려온다 : AI시대, 다시 인간의 길을 여는 키워드 8』. 아카넷.

오현우(2024.1.26). 인간성을 학습한 AI가 물었다…"인간이란 무엇인가?". IT·과학. https://www.hankyung.com/article/2024012643161

이은영(2022). 인간과 인공지능은 감정이입을 통해 상호작용이 가능한가?-돌봄과 치료의 영역을 중심으로. 《현대유럽철학연구》, 64, 319-348쪽.

천현득(2017). 인공지능에서 인공감정으로 : 감정을 가진 기계는 실현 가능한가?. 《철학》, 131, 217-243쪽.

Damasio, A.(1994). Descartes'error: emotion, reason, and the human brain. AVON BOOKS(New York). 김린 옮김(2017). 『데카르트의 오류』. 눈출판그룹.

06

알고리즘 편향과 디지털 공평성

알고리즘 편향(Algorithm Bias)은 인공지능 시스템이 특정 그룹이나 개인에 대해 불공정하거나 차별적인 결과를 산출하는 현상을 말한다. 이는 인공지능 시스템의 설계, 데이터 수집 및 처리, 그리고 그 활용 과정에서 발생할 수 있는 오류를 의미한다. 디지털 공평성(Digital Equity)은 이러한 편향을 해소하고, 모든 사용자에게 공정하고 평등한 디지털 환경을 제공하는 것을 목표로 한다.

알고리즘 편향의 이해

알고리즘 편향은 AI 시스템이 특정 집단이나 개인에 대해 불공정하거나 차별적인 결과를 산출하는 현상을 말한다. 이는 단순한 오류와는 다르며 시스템적이고 반복적으로 발생하는 문제다.

알고리즘 편향은 다양한 형태로 나타날 수 있다. 표본 편향은 훈련 데이터가 전체 모집단을 대표하지 못할 때 발생한다. 측정 편향은 데이터를 수집하거나 측정하는 방식에 문제가 있을 때 발생한다. 집계 편향은 여러 집단의 데이터를 부적절하게 결합할 때 발생한다. 평가 편향은 모델의 성능을 평가하는 방식이 편향되어 있을 때 발생한다. 배포 편향은 모델이 학습된 환경과 다른 환경에서 사용될 때 발생한다(Suresh & Guttag, 2021).

알고리즘 편향은 다양한 원인에서 발생할 수 있다.

편향된 훈련 데이터: AI 모델이 학습하는 데이터 자체에 편향이 존재할 경우, 이는 모델의 결과에 직접적인 영향을 미친다. 예를 들어, 특정 인종이나 성별이 과소 대표되는 데이터 세트로 학습된 AI는 해당 그룹에 대해 부정확하거나 불공정한 결과를 산출할 수 있다.

알고리즘 설계의 편향: AI 모델을 설계하는 과정에서 개발자의 편견이 반영될 수 있다. 예를 들어, 특정 특성에 과도한 가중치를 부여하는 모델 설계는 결과적으로 편향된 판단을 야기할 수 있다.

역사적, 사회적 편견의 반영: 과거의 차별적 관행이 데이터에 반영되어 AI가 이를 학습하는 경우가 있다. 예를 들어, 과거의 채용 데이터를 기반으로 한 AI 채용 시스템은 기존의 성차별적 관행을 그대로 답습할 수 있다.

알고리즘 편향의 실제 사례와 영향

아마존의 AI 채용 도구(2014~2017): 아마존은 2014년부터 AI 기반 이력서 스크리닝 시스템을 도입했으나, 이 시스템이 여성 지원자를 차별한다는 문제가 발생했다. 이는 과거 10년간 남성 중심 채용 데이터로 AI가 학습되었기 때문이며 결과적으로 아마존은 이 프로젝트를 중단하고 AI 시스템을 폐기했다(BBC 뉴스, 2018.10.11).

이로 인해 아마존은 성차별이 심화되고, 조직의 다양성 확보가 어려워졌으며, 우수 인재 채용 기회도 놓치게 되었다. 여기서 훈련 데이터의 다양성과 대표성 확보의 중요성, AI 시스템의 지속적인 모니터링과 평가의 필요성, 인간의 감독과 개입이 여전히 중요하다는 시사점을 찾을 수 있다.

컴퍼스 재범 예측 알고리즘(2016): 미국 법원에서 사용된 컴퍼스(COMPAS, Correctional Offender Management Profiling for Alternative Sanctions) 재범 위험 평가 알고리즘이 흑인에게 불리하게 작동한다는 문제가 제기되었다. 이 문제는 프로퍼블리카(ProPublica)의 조사로 밝혀져 큰 논란을 야기했다. 이는 인종 차별의 제도화, 불공정한 형량 선고, 소수자에 대한 사회적 낙인 강화라는 문제를 야기했고 이를 통해 알고리즘의 공정성 평가 기준 수립의 중요성, 알고리즘 의사 결정의 투명성 확보 필요성, 인간의 최종 검토와 개입의 중요성을 확인할 수 있었다(Angwin et al., 2016.5.23).

구글 포토의 이미지 라벨링 오류(2015): 구글의 이미지 인식 AI가 흑인을 '고릴라'로 잘못 분류하는 사건이 있었다. 이는 AI 학습에 사용된 훈련 데이터의 다양성이 부족했기 때문이다. 이 사건 후 구글은 공식 사과를 하고 알고리즘을 개선했다.

디지털 공평성의 개념과 중요성

디지털 공평성은 모든 개인과 집단이 디지털 기술과 서비스에 공평하게 접근하고 혜택을 받을 수 있어야 한다는 원칙을 말한다. 이는 단순히 기술에 대한 물리적 접근성을 넘어 알고리즘과 AI 시스템이 공정하게 작동해야 함을 의미한다.

디지털 공평성의 주요 요소는 다음과 같다.

접근성: 모든 사람이 디지털 기술과 서비스를 이용할 수 있어야 한다. 예를 들어, 장애인을 위한 웹 접근성 가이드라인은 웹사이트와 애플리케이션이 시각, 청각, 운동 장애가 있는 사용자도 쉽게 이용할 수 있도록 설계되어야 함을 규정하고 있다.

포용성: 다양한 배경의 사용자 요구를 고려한 설계가 필요하다. 예를 들어, 다국어 지원이나 문화적 다양성을 고려한 사용자 인터페이스/사용자 경험(UI/UX) 설계는 더 많은 사용자가 디지털 서비스를 편리하게 이용할 수 있게 한다.

공정성: 알고리즘과 AI 시스템이 특정 그룹을 차별하지 않아야 한다. 성별, 인종, 연령 등에 따른 차별적 적용이 없어야 한다.

투명성: AI의 의사 결정 과정을 이해하고 검증할 수 있어야 한다. AI의 의사 결정에 대한 설명을 요구할 수 있는 권리를 보장하는 것이 이에 해당한다.

알고리즘 편향 해소를 위한 접근 방식

알고리즘 편향을 해소하고 디지털 공평성을 실현하기

위해 다양한 접근 방식이 제안되고 있으며 구체적인 내용과 사례는 다음과 같다.

데이터 다양성 확보: 다양한 인구 집단을 대표하는 균형 잡힌 데이터 세트를 구축하는 것이 중요하다. IBM의 얼굴의 다양성(Diversity in Faces) 데이터 세트는 이러한 노력의 좋은 예다. 이 데이터 세트는 100만 개 이상의 다양한 인종, 연령, 성별의 얼굴 이미지를 제공하여 얼굴 인식 AI의 편향을 감소하는 데 기여하고 있다.

알고리즘 감사(Algorithmic Auditing): AI 시스템의 결과를 체계적으로 검토하여 편향을 탐지하는 방법이다. 시카고 대학에서 개발한 이퀴타스(Aequitas) 툴키트는 머신러닝 모델의 편향을 자동으로 감지하고 보고하는 오픈소스 툴키트다. 이 툴키트는 공공 정책, 의료, 교육 등 중요한 의사 결정이 이루어지는 분야에서 AI 모델을 검증하는 데 활용될 수 있다.

설명 가능한 AI(XAI, Explainable AI): AI의 의사 결정 과정을 인간이 이해할 수 있게 설명하는 기술이다. 미국 방위고등연구계획국(DARPA)의 XAI 프로젝트는 AI 모델의 결정 과정을 시각화하고 설명하는 기술을 개발하는 것이다. 이 기술은 의료 진단, 자율주행차 등 고위험 분야에서 AI의 결정을 이해하고 검증하는 데 중요하게 활용될 수 있다.

공정성 제약 조건 적용: AI 모델 학습 시 공정성 메트릭을 최적화 목표에 포함하는 방법이다. 마이크로소프트의 페어런(Fairlearn) 라이브러리는 다양한 공정성 메트릭을 제공하고, 이를 고려한 모델 학습을 지원한다. 이 라이브러리는 신용 평가, 교육 평가 등 다양한 분야에서 AI 모델의 공정성을 향상하는 데 활용될 수 있다(조남용, 2023.12.15).

알고리즘 편향과 디지털 공평성 문제는 AI 기술이 우리 사회에 미치는 영향을 보여 주는 중요한 사례다. 이는 단순한 기술적 문제가 아니라 사회적, 윤리적, 법적 차원의 복잡한 문제다. 우리는 AI 기술의 혜택을 최대화하면서도 그 부작용을 최소화해야 하는 도전에 직면해 있다. 이를 위해서는 다음과 같은 노력이 필요하다.

학제 간 연구 강화: 컴퓨터 과학, 윤리학, 법학, 사회학 등 다양한 분야의 전문가들이 협력하여 종합적인 해결책을 모색해야 한다.

지속적인 모니터링과 평가: AI 시스템의 공정성을 지속적으로 모니터링하고 평가하는 체계를 구축해야 한다.

시민 사회의 참여: AI 시스템의 개발과 도입 과정에 다

양한 이해관계자들의 의견을 수렴하고 참여를 보장해야 한다.

글로벌 협력: 알고리즘 편향과 디지털 공평성 문제는 국경을 초월하는 문제이므로, 국제적인 협력과 표준 수립이 필요하다.

윤리적 AI 개발 문화 조성: AI 개발자와 기업들이 윤리적 고려 사항을 개발 초기 단계부터 반영하는 문화를 만들어야 한다.

알고리즘 편향을 완전히 제거하는 것은 불가능할 수 있지만, 우리는 이를 최소화하고 공정한 디지털 사회를 만들기 위해 끊임없이 노력해야 한다. 이는 기술의 발전과 함께 우리의 윤리적 기준도 함께 진화해야 함을 의미한다. 알고리즘 편향과 디지털 공평성 문제는 우리가 어떤 사회를 만들어 가고 싶은지에 대한 근본적인 질문을 던지고 있다. 이 문제에 대한 우리의 대응은 미래 세대의 디지털 환경을 좌우할 것이다.

참고문헌

이재호·조남용(2023.12.15). 사람과 공존하는 AI의 필요조건, AI 공정성(AI Fairness).
https://www.samsungsds.com/kr/insights/ai-fairness.html

BBC 뉴스(2018.10.11). 성차별: 아마존, '여성차별' 논란 인공지능

채용 프로그램 폐기.
https://www.bbc.com/korean/news-45820560
Angwin, J., et al.(2016.5.23). Machine bias. ProPublica. https://www.propublica.org/article/machine-bias-risk-assessments-in-criminal-sentencing
Suresh, H. & Guttag, J. V.(2021). A framework for understanding sources of harm throughout the machine learning life cycle. Equity and Access in Algorithms, Mechanisms, and Optimization.

07
자율주행과 윤리적 책임

자율주행 기술은 운송 산업과 일상생활에 혁명적인 변화를 가져올 것으로 예상되는 첨단 기술이다. 그러나 이 기술은 동시에 복잡한 윤리적 문제들을 제기한다. 도로에서 마주칠 수 있는 다양한 상황에서 자율주행차가 어떤 결정을 내려야 하는지, 그리고 그 결정에 따른 책임은 누구에게 있는지 등의 문제가 대두된다.

자율주행 기술의 현황과 전망

자율주행이란 운전자의 개입 없이 자동차가 스스로 주행 환경을 인식하고 판단하여 차량을 제어하는 기술을 말한다. 이는 인공지능, 센서 기술, 통신 기술 등 다양한 첨단 기술의 융합으로 가능해졌다.

국제자동차기술자협회(SAE International, Society of Automotive Engineers)는 자율주행을 레벨 0부터 레벨 5까지 6단계로 분류한다.

레벨 0 비자동화(No Driving Automation): 완전 수동 운전 단계

레벨 1 운전자 보조(Driver Assistance): 차선 유지 보조와 같은 운전자 보조 단계

레벨 2 부분 자동화(Partial Driving Automation): 고속도로 주행 보조와 같은 부분 자동화 단계

레벨 3 조건부 자동화(Conditional Driving Automation): 특정 조건에서 자율주행, 필요시 운전자 개입이 필요한 조건부 자동화 단계

레벨 4단계 고도 자동화(High Driving Automation): 대부분의 상황에서 자율주행이 가능한 고도 자동화 단계

5단계 완전 자동화(Full Driving Automation): 모든

상황에서 자율주행이 가능한 완전 자동화 단계(SAE International, 2021.4.30).

자율주행 기술은 크게 세 가지 주요 구성 요소로 이루어진다.

인식(Perception): 라이다(LiDAR), 레이더, 카메라 등의 센서를 통해 주변 환경을 인식한다.

판단(Decision Making): 수집된 데이터를 바탕으로 AI가 주행 상황을 판단하고 결정을 내린다.

제어(Control): 판단 결과에 따라 차량의 조향, 가속, 제동 등을 제어한다.

현재 상용화된 대부분의 자율주행 기술은 레벨 2나 레벨 3 수준이며 웨이모(Waymo), 우버(Uber) 등의 기업이 4단계 수준의 기술을 시험 중이다.

많은 전문가들이 2030년경에는 레벨 4 수준의 자율주행차가 일반화될 것으로 예측하고 있다. 이는 대부분의 상황에서 운전자의 개입 없이 차량이 스스로 주행할 수 있는 수준을 의미한다(McKinsey & Company, 2019).

그러나 완전한 자율주행(레벨 5)의 실현 시기에 대해서는 의견이 분분하다. 기술적 도전뿐만 아니라 법적, 윤리적 문제들이 해결되어야 하기 때문이다.

자율주행차의 윤리적 딜레마

자율주행차가 직면할 수 있는 윤리적 딜레마 중 가장 대표적인 것은 '트롤리 문제'의 변형이다. 고전적인 트롤리 문제는 다음과 같다. 통제 불능의 트롤리가 다섯 명의 사람을 향해 달려가고 있다. 당신은 레버를 당겨 트롤리의 방향을 바꿀 수 있지만, 그렇게 하면 다른 선로에 있는 한 명이 죽게 된다. 어떤 선택을 해야 할까?

자율주행차의 맥락에서 이 문제는 더욱 복잡해진다. 예를 들어 자율주행차가 브레이크 고장으로 정지할 수 없는 상황에서, 전방의 보행자 무리를 치거나 아니면 벽으로 돌진하여 탑승자를 위험에 빠뜨리는 선택을 해야 한다면? 자율주행차가 어린이와 노인 중 한 명을 치게 될 상황이라면, 누구를 보호해야 할까?

자율주행차가 동물을 치거나 인간을 다치게 하는 선택을 해야 한다면? 이러한 딜레마는 단순한 가상의 시나리오가 아니다.

2018년 미국 애리조나에서 우버의 자율주행차가 보행자를 치어 사망하는 사고가 발생했다. 야간에 발생한 사고로 차량은 자율주행 모드였지만 운전자가 탑승해 있었다. 조사 결과, 자율주행 시스템이 보행자를 제대로 인식하지 못했고, 긴급 제동 시스템도 작동하지 않았다.

이 사고는 자율주행 기술의 안전성, 규제, 윤리적 문제에 대한 광범위한 논의를 촉발했다.

이러한 문제를 해결하기 위해, 자율주행차에 윤리적 의사 결정 알고리즘을 탑재하는 방안이 논의되고 있다. 독일 정부는 2017년 세계 최초로 자율주행차의 윤리 가이드라인을 발표했는데, 주요 내용은 다음과 같다. 인명 보호가 최우선이며, 동물이나 재산 보호보다 우선한다. 인명 피해가 불가피한 상황에서 개인의 특성(나이, 성별 등)에 따른 차별은 금지된다. 모든 상황에서 책임 소재가 명확해야 한다(곽노필, 2017.8.29).

그러나 이러한 가이드라인을 실제 알고리즘으로 구현하는 것은 여전히 큰 도전 과제다.

자율주행차 사고의 책임 소재

자율주행차 사고 발생 시 책임 소재를 어떻게 판단해야 할지는 중요한 법적, 윤리적 문제다. 자율주행차 사고와 관련하여 다음과 같은 다양한 주체들의 책임을 고려해야 한다.

자동차 제조사

소프트웨어 개발자

차량 소유자

탑승자(운전자 역할을 하는 사람)

도로 관리자

정부(규제 및 인프라 제공 측면)

책임 분배에 대한 몇 가지 접근 방식이 제안되고 있다.

제조물 책임법 적용: 자율주행차를 하나의 제품으로 보고, 사고 시 제조사에 책임을 묻는 방식이다.

단계별 책임 모델: 자율주행 레벨에 따라 책임을 다르게 분배하는 방식이다. 예를 들어, 레벨 3까지는 운전자에게 주된 책임이 있고, 레벨 4부터는 제조사의 책임이 커지는 식이다.

보험 기반 모델: 자율주행차에 대한 특별한 보험 제도를 도입하여, 사고 발생 시 보험사가 우선 보상하고 사후에 책임 소재를 가리는 방식이다.

인간 중심의 자율주행 기술 개발

자율주행 기술의 궁극적 목표는 인간의 안전과 편익을 증진하는 것이다. 이를 위해서는 기술 개발 단계에서부터 윤리적 고려 사항을 통합하는 '윤리적 설계(Ethical Design)' 접근이 필요하다.

구글의 자회사 웨이모는 자율주행 시스템에 '방어 운전' 개념을 도입하여, 가능한 한 보수적으로 주행하도록 설계했다. 이는 다음과 같은 원칙들을 포함한다.

항상 최악의 시나리오를 가정하고 대비

다른 운전자의 실수를 예측하고 대응

안전 여유를 최대한 확보(Waymo, 2021.2)

또, 자율주행 시스템의 의사 결정 과정을 투명하게 공개하고, 그 결정에 대해 설명할 수 있어야 한다. 이는 사고 발생 시 원인 분석과 책임 소재 파악을 위해 필수적이며 사용자와 사회의 신뢰를 얻기 위해서도 중요하다.

자율주행 기술의 윤리적 지침은 폭넓은 사회적 대화와 합의를 통해 만들어져야 한다. 이는 기술 전문가뿐만 아니라 윤리학자, 법학자, 정책 입안자, 일반 시민 등 다양한 이해관계자의 참여가 필요한 과정이라고 볼 수 있다.

자율주행 기술과 그 윤리적 기준은 한 국가의 경계를 넘어서는 글로벌한 이슈다. 따라서 국제적 협력과 표준화가 필요하며 국제연합(UN), 국제표준화기구(ISO) 등의 국제 기구들이 이러한 노력을 주도하고 있다.

UN 도로교통안전 포럼은 자율주행차량의 안전과 윤리에 관한 국제 가이드라인을 개발 중이다(안희민, 2023.12.7). 이는 각국의 자율주행 관련 법규와 정책 수립에 중요한 기준이 될 것이다.

자율주행 기술은 우리 사회에 큰 변화를 가져올 것이

다. 그러나 이 기술이 진정으로 우리 삶을 개선하기 위해서는, 기술적 발전과 더불어 윤리적 문제에 대한 깊이 있는 고민과 사회적 합의가 필요하다. 자율주행차의 윤리적 책임 문제는 단순히 기술적 또는 법적 문제가 아닌, 우리 사회의 가치관과 우선순위를 반영하는 철학적 문제다. 따라서 이에 대한 지속적인 연구와 토론, 그리고 유연한 대응이 필요할 것이다.

참고문헌

곽노필(2017.8.29). 독일, 세계 첫 자율주행차 윤리지침 마련. 한겨레. https://www.hani.co.kr/arti/economy/car/808683.html

안희민(2023.12.7). 도로교통공단, 자율주행 UN전문가그룹 참여. 데일리한국.
https://daily.hankooki.com/news/articleView.html?idxno=1029023

McKinsey & Company(2019). The future of mobility is at our doorstep.

SAE International(2021.4.30). Taxonomy and Definitions for Terms Related to Driving Automation Systems for On-Road Motor Vehicles.
https://www.sae.org/standards/content/j3016_202104/

Waymo(2021.2). Waymo Safety Report.
https://downloads.ctfassets.net/sv23gofxcuiz/4gZ7ZUxd4SRj1D1W6z3rpR/2ea16814cdb42f9e8eb34cae4f30b35d/2021-03-waymo-safety-report.pdf

08
돌봄 로봇과 윤리적 책임

지금까지 인간 중심의 과학기술 발전에 초점을 두었다면, 이제 과학기술 중심의 인공지능 로봇으로 패러다임이 전환되었다. 그 과정에서 기계는 인간에게 어떤 영향을 끼칠 것인가, 인간은 기계와의 문제에서 주도적일 수 있는가, 혹은 인간은 기계와 대립을 넘어 새로운 가능성을 제시할 수 있는가? 이러한 의문을 제기하며, 돌봄 로봇의 사례와 현황을 이해한다. 또한 인공지능 로봇(AI) 간호사와 인간 간호사의 공존 가능성을 논의한다.

돌봄의 인문학적 개념

돌봄이란 무엇인가? 인간 존재의 심장(heart)이다. 영유아와 아동은 부모 혹은 부모 역할을 하는 주변인의 돌봄이 이루어지지 않는다면 생존이나 근본적인 역량을 함양할 수 없다. 성인 역시 가족, 친구 혹은 타인의 돌봄 없이 생물학적으로 허락하는 삶 전체를 온전히 살아갈 수 있는 사람은 드물다. 인간은 질병, 장애와 노화로 인해 타인의 돌봄에 의존하며, 그뿐만 아니라 건강하고 활력 충만한 상황에도 필요와 기능을 충족하기 위해 가족과 친구들에게 의존한다(김희강 · 나상원, 2017). 더 나아가 돌봄은 사회를 존속시키며 시민적 삶을 가능하게 한다. 만일 어린이나 병자, 노인과 장애인을 돌보는 사람이 없다면, 우리의 사회적 건강과 유대는 와해되기 시작할 것이다.

초기 돌봄 이론가들은 돌봄을 공감(sympathy), 배려(attentiveness) 그리고 응답(responsiveness)을 통해 타자와 관계하는 방식으로 규정했다. 돌봄 활동에서 중요한 주체는 인간이며, 인간의 삶이다. 왜냐하면 인간 삶의 중심축이 인간의 돌봄으로 간주될 수 있기 때문이다. 대표적 돌봄 이론가 중 헬드(Virginia Held)는 돌봄을 실천 혹은 가치라고 주장한다. 돌봄은 그것이 행해지는 기존의 실천에서 찾을 수 있으며, 이 실천을 평가, 권고하는 기준을 제공하려는 목적을 갖고 있다고 평가한다(Held, 2017).

간호의 본질을 대변하는 핵심 개념으로서 돌봄을 언급한 왓슨(Jean Watson)에 의하면, '돌봄은 단순히 정서나 관심 그리고 태도가 아니라 인간 상호 관계에서 인간 존엄성을 보호, 향상하며 그것을 유지시키려는 목표'를 의미한다. 그리고 이것은 도덕적인 이상과도 관련되고 있으며, 우리는 다음과 같이 세 가지 의미를 생각해 볼 수 있다. 첫째, 돌봄은 의도적(intentional) 행위로서 심사숙고가 요구된다. 둘째, 그것은 관계적인(relational) 즉 돌봄 행위를 하는 사람과 돌봄 행위를 받는 사람의 관계 사이에서 이루어진다. 셋째, 돌봄은 타인 즉 돌봄을 원하는 대상의 요구와 관심에 의해서 발생되는 행위로 언급된다(홍성하, 2011).

돌봄 위기 사회에 돌봄 로봇의 활용과 사례 그리고 윤리적 쟁점

돌봄은 왜 우리 사회의 쟁점이 되고 있는가? 첫째, 2020년 우리나라는 코로나 팬데믹 현상으로 그동안 간과했던 돌봄 문제에 집중하게 되었다. 간호사를 비롯한 많은 의료계 종사자들이 코로나 방역 현장에서 적절한 보상 없이 그 상황에 집중해야 했다(더 케어 컬렉티브, 2021). 요양 시설, 장애인 거주 시설과 학교에 집단 감염이 발생되는 상황이었다. 이러한 상황은 소수자와 취약 계층에 가장 위험한 상황으로 다가왔다. 돌봄 사각지대에 관심이 집중된 코로나 팬데믹 상황은 우리가 돌봄의 필요성을 생각할 수 있었던 계기가 되었다.

둘째, 인간의 상호 취약성과 상호 연결성을 거부하는 데서 비롯되었다. 우리가 살아가는 세상은 무관심(carelessness)이 지배하는 곳이 되었다(이은영a, 2024). 더 케어 컬렉티브는 무관심의 원인을 신자유주의에서 찾는다. 신자유주의 체제하에서 많은 나라가 수익 창출을 내세우며 복지 제도와 민주적 절차를 파괴했고, 기업들이 셀프케어를 주장하며 돌봄은 개인이 돈으로 구매해야만 하는 상품이 되었다. 그리하여 돌봄은 가정 내 여성이나 불안정한 일자리를 가진 사람, 이주 노동자 등 사회적 약자들이 주로 행하는 '가치 없는' 일로 간주되었고 더 케어 컬렉티브는 그것이 오늘날 돌봄 위기 사회가 된 계기라고 강조한다(더 케어 컬렉티브, 2021).

2025년 우리나라는 초고령 사회에 진입하게 된다. UN에서 초고령 사회를 규정한 정의는 다음과 같다. '고령화 사회(aging society)'는 65세 이상 노인 인구 비율이 전 국민 인구 비율 중 7%를 넘어서는 상황으로 규정되며, 비율이 14%를 초과하면 '고령 사회(aged society)', 65세 이상 노인 인구 비율이 20%를 넘어서는 상황이면 '초고령 사회(super-aged society)'라고 정의된다. 곧 도래하는 초고령 사회를 선제적으로 대응하기 위해 고령친화 기술이 요구된다. 이 방안은 국민 생활에서 삶의 질 상승을 목표로 한다. 대표적 사례로 간호 보조 로봇 '조라(Zora)'는 노인 보호 시설에 함께 거주하며 거동이 불편하신 노인의 재활 운동과 정서 활동을 돕고 있다(박은준, 2016). 우리나라 역시 각 복지관이나 요양원을 중심으로 돌봄 로봇이 도입, 활용되고 있다. 다음은 돌봄 로봇이 활용되고 있는 구체적인 사례다.

우선, 신체 지원을 하는 돌봄 로봇의 사례를 제시해 본다. ① 간병 로봇 로베어(Robear): 북극곰과 유사한 간병 로봇 로베어는 요양 시설의 직원과 간병인들에게 편의성을 제공하고 있다. 로베어는 다른 곳으로 옮기는 이동 지원 기술을 가진 로봇으로 일본 정부의 적극적 지원을 받아 제작되었다. 음성 명령에 따라서 환자를 침대에서 휠체어, 욕조 등으로 올릴 수 있고 기립 보조, 팔을 들어 올리는 등 재활 운동의 기능을 수행한다. 로베어가 감당

할 수 있는 환자의 무게는 80킬로그램 정도다. 특수 고무 재질로 만들어진 포근한 팔은 사람이 환자를 부드럽게 들어 올리며 껴안는 느낌을 주며 팔에는 센서가 있어 힘 조절이 가능하다. 환자의 목욕이나 배설의 보조 업무를 수행하는 신체 위주의 지원 역할을 한다. 따라서 간병인에게 큰 부담과 심각한 요통을 주는 상황에서 사용자의 이송과 이동을 도와 편의를 제공하고 있으며, 병간호의 부담을 덜어 주는 데 중요한 역할을 수행할 것으로 기대된다.

② 치매 돌봄 로봇 해온이: 초고령 사회로 돌입하는 현 상황에서 핵심 쟁점은 치매 환자 돌봄이다. 노인 돌봄 로봇은 고령자의 생활 환경과 신체 활동 그리고 일상적인 상황을 기술 개발에 반영해 그들 삶의 질 상승 위주로 고안된 노인 친화 기술 로봇이다. 고령자 돌봄에서 노인 돌봄 로봇의 핵심 수행은 원격 모니터링과 위급한 상황에서 긴급 호출이다. 대표적 사례는 광주시에서 진행하고 있는 치매 돌봄 로봇, '해온이'다. 해온이는 치매 사업 분야 최초로 AI 기능을 접목한 돌봄 로봇이라 할 수 있다. 인공지능 자연어 처리 기술을 접목해 120만 건의 회화 전개가 가능하고 보호자 또는 관리자 애플리케이션을 통해 돌봄 인형의 목소리로 돌봄 대상자와 대화가 가능

하다.

③ 심리 치료 로봇 파로: 2017년 국제 제론테크놀로지(Gerontechnology) 엑스포에 일본의 '세러피(Therapy)' 로봇, 또는 '치료 로봇(therapeutic robot)'으로 분류될 수 있는 '파로(Paro)'가 처음 등장했다. 새끼 바다표범 모형으로 만들어진 털북숭이 모습을 하고 있으며, 눈을 깜빡이거나 또는 꼬리를 움직이거나 하면서 실제로 아기 물범과 유사한 소리를 낸다.

파로는 일본 사회에서 독거노인의 상호 소통 상대로서 그 역할을 수행한다. 파로에는 자세, 촉감, 소리, 온도, 빛에 반응을 보이는 센서가 내장되어 있다. 감정에 대한 반응, 상호작용의 기억, 돌봄 주체의 상대성에 의해서 파로 스스로 성격을 변화시킬 수 있다. 이와 같은 동물 인형과의 상호 교감은 독거노인에게 안정감을 부여해 줄 수 있다. 동시에 초기 치매 환자들에게 재활 효과를 상승시킬 수 있는 '애니멀 세러피(animal therapy)'의 장점도 갖고 있다. 로봇 파로의 유효성을 살펴보면 다음과 같다. 우선 돌봄 대상자와 보호자의 극심한 스트레스 감소, 그리고 양자 사이의 상호작용 촉진, 돌봄 대상자의 동기 부여와 휴식 제공과 같은 긍정적 심리 효과가 주된 효과다. 다시 말해서 로봇 파로는 돌봄 대상자와 보호자 그리고 타인의 상호 사회화 과정을 촉진하는 역할을 담당한다. 파로는 독거노인의 심리 치료에 매우 유용하다는 점이 인정되어 세계 최초 심리 치료 로봇으로 명명되었고, 애니멀 세러피의 효시로 제시되고 있다(이은영b, 2014).

통계청 장래인구추계 자료에 의하면, 65세 이상 고령인구 5명 중 1명(21.1%)은 독거노인으로 추정된다. 독거노인 돌봄 문제가 향후 복지 정책의 화두인 상황에서 인공지능 기술 발달과 함께 돌봄 분야에서 돌봄 로봇의 활용 가능성은 지속적으로 확대될 것으로 예상된다.

그렇다면 로봇 돌봄이 인간 돌봄을 어느 정도 대체할 수 있을까? 여기서 로봇 돌봄의 윤리적 문제가 제기된다. 로봇 돌봄에서 지켜져야 할 윤리적 지침은 (산업통상자원부) 다음과 같이 제시되고 있다. 첫째, 로봇이 노인의 자율성을 침해하지 않아야 하며, 모니터링 명목으로 사생활이 부적절하게 노출되어서는 안 된다는 사생활 보호의 원칙이다. 둘째, 인적 사항이나 질병 등 개인정보는 엄격히 보호되어야 한다는 개인정보의 보호다. 셋째, 노인이 로봇과 비합리적 애착을 형성하는 것은 지양되어야 한다는 원칙이다. 우리가 초고령 시대에 노인 돌봄과 간호 돌봄 문제를 해결할 수 있는 손쉬운 방법으로 돌봄 로봇을 수용하는 것은 오히려 돌봄 문제를 해결할 수 있는 적절한 방법이 될 수 없다는 우려도 있다. 로봇에 대한 과도한 의존과 기대는 오히려 역효과를 가져올 수 있기 때문에, 돌봄 로봇은 보다 주의 깊은 접근이 필요하다.

참고문헌

구아현(2021.8.27). 초고령 사회 눈 앞..AI로 치매 케어 나선 광주 자치구. AI타임즈, https://www.aitimes.com/news/articleView.html?idxno=140337

더 케어 컬렉티브(2021). 『돌봄 선언 : 상호의존의 정치학』, 니케북스.

박은준 외(2016). 간호역량 또는 돌봄 행위 측정도구를 통해서 살펴 본 간호와 돌봄의 특성. 《간호행정학회지》, 제22권 5호, 480-495쪽.

이은영a(2024). 에디트 슈타인과 감정이입(Ⅲ): 에디트 슈타인의 돌봄 철학. 《현상학과 현대철학》, 101, 95-121쪽.

이은영b(2024). 인간돌봄과 인공지능로봇(AI) 돌봄 사이에서. 《한국간호윤리학회지》, 4, 1-11쪽.

홍성하(2011). 간호학에서 돌봄(caring)에 대한 현상학적 연구. 《현상학과 현대철학》, 50, 213-241쪽.

Engster, D(2007). *The Heart of Justice :Care ethics and political Theory*. Oxford University Press(New York). 김희강·나상원 옮김(2017). 『돌봄: 정의의 심장』. 박영사.

Held, V.(2006). *The Ethics of Care: Personal, and Global.* Oxford

University Press, USA, 2006. 김희강 외 옮김(2017). 『돌봄:돌봄윤리』. 박영사.

09
AI 예술과 예술의 의미

인공지능의 예술 행위도 창의 영역으로 인정될 수 있는지 살펴본다. 그 과정을 통해서 인공지능의 예술 작품도 감상해 본다. '생성형 인공지능으로 00하기'라는 주제로 진행되는 연구와 강연 등을 주변에서 쉽게 볼 수 있다. 인공지능이 다양한 창작 활동에 활용되고, 예술 영역에서 하나의 새로운 패러다임으로 주목받고 있다. 이러한 배경하에 인공지능 예술 행위와 예술 작품을 어떻게 수용해야 하는지 논의해 본다.

예술, 세상을 비추는 거울이다. 예술은 실재의 미메시스다.

예술은 아르스(Ars)와 테크네(techne)의 합성어로 원래 'art'는 고대로부터 세상을 비추는 거울, 즉 자연의 모방을 의미한다. 당시 자연은 현재 우리가 생각하는 자연과 구별되며, '인간의 몸'을 포함한 의미로 사용되었다. 즉 고대 미술은 인간의 몸을 모방하는 데 중심을 두었으며, 그 과정에서 인간의 몸을 있는 그대로 모방하는 것이 아니라 그것을 모방하는(구현해 내는) 사람의 이상적 표현으로 재현하려는 데 목표를 두었다.

고대 철학자 소크라테스는 인간의 신체를 이성적으로 조합하여 비례, 운동과 정지, 보편성과 특수성의 균형을 통해 전체적 아름다움을 재현하는 지점에서 예술을 논한다. 다만 단순히 외적 모양을 재현하는 데 그치는 것이 아니라 예술가의 눈을 통해 그 대상이 지니는 영혼의 특성이 표현된다는 점에서 소크라테스의 모방론은 단순히 외적 모방을 의미하지 않는다.

우리는 고대 그리스 · 로마 시대 미론(Μύρων, 기원전 480~기원전 440년경)의 〈원반 던지는 사람〉을 통해서 당시 모방론으로서 예술의 의미를 잘 알 수 있다. 미론은 기원전 5세기 활동했던 고대 아테네 최고의 조각가

이자 예술가다. 그는 운동선수 조각상을 작업하는 예술가로 유명했는데, 〈원반 던지는 사람〉이 대표적인 작품이다.

미론의 〈원반 던지는 사람〉의 원본은 청동으로 조각되었다. 원본은 소실되었기 때문에 1세기 제작된 대리석 복제품을 통해 우리는 〈원반 던지는 사람〉을 젊은 남성이 회전력을 이용해 무거운 원반을 던지려는 '순간', '찰나'를 잘 보여 준 작품으로 인정한다. 조각상은 오른 다리에 중심을 두고 왼쪽 다리를 뒤로 살짝 뺀 자세로 감정을 억제하려는 듯 얼굴은 무표정하다. 이 자세가 너무 완벽해 보였기 때문에 후대 많은 선수들이 이 조각상의 몸을 그대로 따라 하려고 노력했으나 성공하지 못했다. 이것은 미론의 조각상이 젊은 남성의 신체를 그대로 재현하는 데 충실했다는 의미다. 예술 행위를 실행하는 작가, 미론의 눈을 통해 그 대상이 지니는 특성을 해석하며 담아내려고 했기 때문이다.

이러한 사례를 통해서 그리스 예술은 '실재의 미메시스(Mimesis)'를 지향하지만, 두 가지 자연을 생생하게 모방하는 데 목표를 두었음을 우리는 알 수 있다. 하나는 대상을 그대로 재현하려는 모방과, 다른 하나는 그 대상을 예술가의 관점으로 해석해 내는 이상적인 아름다움으로 표현하려는 모방, 두 가지다.

현대 예술에서 모방이란 예술가가 해서는 안 되는 행위이지만 고대 그리스 · 로마 시대에는 자연을 있는 그대로 재현하는 모방과 그것의 특성을 예술가의 눈으로 담아내면서 표현하려는 모방론이 창조적인 예술로 설명되었다. 바로 이 지점에서 오늘날의 예술론과 구별된다. 현대 예술에서도 있는 그대로의 모방이 아닌 어느 정도의 인용은 이루어지고 있다. 음악, 회화, 영화 등 다양한 예술 영역에서 여전히 인용은 예술 창작의 중요한 계기로 수용된다. 예컨대, 영화 〈타이타닉〉의 대표적 장면으로 언급되는 장면 중, 남자 주인공과 여자 주인공이 배 위에서 양팔을 펼치고 광활한 바다를 바라보고 있는 장면이 있다. 이 장면은 사모트라케의 조각상인, 〈니케〉가 인용된 장면이다. 승리의 여신인 니케가 전함의 제일 앞에 서서 큰 날개를 펼치며 승리로 이끄는 장면을 연출한 조각상을 인용하여 극적인 효과를 이끌어 낸 것이다.

인공지능이 인간 예술 작품을 모방하며, 예술가의 화풍을 그대로 재현해 내고 있다.

인간 고유 영역으로 간주되었던 예술 분야에서 알고리즘에 의한 유사 창작 사례가 드러나고 있다. 고흐(Gogh)

나 렘브란트(Rembrandt) 화풍을 그대로 재현해 내는 AI 예술가가 등장하고 비틀스(The Beatles) 스타일로 작곡하는 컴퓨터가 등장했다. 인공지능(artificial itelligence)은 주어진 상황을 계산하는 사고력과 학습력, 판단력이 가능한 소프트웨어다. 인공지능이 인간과 함께 예술 창작의 주체로 등장한 시대에 우리는 '예술 창작은 인간의 고유 영역인가?'라는 물음을 제기할 수 있다. 과거 예술 행위와 작품을 인간의 고유 영역이라고 생각했지만 이제는 기계가 만든 예술 작품과 인간이 만든 예술 작품을 명확하게 구분 지을 수 없는 상황에 와 있다.

2016년 4월 13일 미술계에 큰 파장이 일었다. 렘브란트의 새로운 작품이 발견되어 렘브란트 전문가가 그 작품의 진위 여부를 파악해야 했다. '40대 중년 남성의 초상화'였다. 렘브란트가 완성했던 자신의 초상화처럼 보였다. 그런데 실상은 인공지능 기술을 통해 17세기 화가 렘브란트 스타일을 완벽하게 재현하는 것을 목표했던 '넥스트 렘브란트(The Next Rembrant)' 프로젝트의 작품이었다. 연구진은 네덜란드 화가 렘브란트의 작품 346점의 데이터를 토대로 기계에 딥러닝(Deep Learning) 기법으로 렘브란트 회화의 특성을 학습시켰다. 붓의 각도, 안료와 색상, 배합 비율, 명암 등이 학습 내용이었다.

주목할 점은 3D 스캐너를 이용해 물감이 만들어 내는 요철까지 모두 데이터화한 것이다. 그 과정에서 그림의 표면 질감까지 완벽히 재현했다.

딥러닝 3D란, 기계가 사람처럼 생각하고 판단하는 기술로, 인공지능은 이와 같은 원리를 모방하여 수백만 개 연습 샘플을 이용해 인공 신경망을 훈련시켜 사물을 분별할 수 있도록 한다. 그리고 데이터에서 패턴을 스스로 발견하고 구분해 낼 수 있으며, 일상의 모든 대상을 컬러풀하고 추상적 예술 이미지로 변환시킨다. 딥러닝 3D로 18개월 동안 학습 후, 인공지능에게 수염이 있고 검은 옷을 입은 40대 백인 남성을 그리는 요청을 했고, 인공지능은 렘브란트의 중기 화풍에 해당되는 렘브란트 초상화를 재현해 냈다. '넥스트 렘브란트' 프로젝트는 AI와 예술의 결합이 얼마나 정교할 수 있는지 보여 주는 대표적 사례일 것이다.

인공지능이 학습 후 재현해 낸 작품도 예술 작품인가?

그런데 AI 렘브란트의 성과를 시작으로, 미술과 사진 공모전에서 AI가 만들어 낸 작품들이 수상하는 상황에 이르렀다. 2022년 8월 미국 콜로라도주에서 개최된 미술

박람회의 디지털 아트 부문 우승 작품이 있다. '스페이스 오페라 극장'이란 제목의 이 작품은 그림을 그려 주는 인공지능 프로그램을 사용했다. 즉 사람이 만들어 낸 작품이 아니라 제이슨 M. 앨런(Jason M. Allen)이 AI로 제작한 작품이다. 디지털아트 부문 규정 중 창작 과정에서 디지털 기술을 활용하거나 색상 조정 등 디지털 방식으로 이미지를 편집하는 행위가 인정된다고 했으나 앨런은 단 한 번의 붓질조차 하지 않았기 때문에 이 작품처럼 AI가 생성한 그림을 예술 작품으로 볼 수 있는지가 쟁점이 되었다. 일부 예술가는 앨런이 AI로 제작한 그림으로 우승한 것은 부정행위에 해당된다고 비판했다.

그뿐만 아니라 2018년 뉴욕 크리스티 경매에서 최초로 인공지능이 창작한 그림이 경매에 나왔는데, 고가에 낙찰되었다. 프랑스 연구자들이 개발한 인공지능 화가 '오비어스(Obvious)'가 그린 초상화 〈에드몽 드 벨라미(Portrait of Edmond de Belamy)〉가 약 5억 원에 낙찰되었다. 인공지능이 완성한 작품이 경매에서 판매된 것은 처음이다. 프랑스 연구자들이 개발한 오비어스는 14세기에서 20세기 화가들이 그린 초상화 1만5천여 점을 학습해 새로운 그림을 그려 낼 수 있도록 한 프로그램이다. 이 작품의 주인공, 에드몽 드 벨라미는 가상 인물이며,

이 작품에는 화가의 낙관 대신에 제작에 사용된 알고리즘이 적혀 있었다.

이 상황에 대한 상반된 평가가 나오고 있다. ≪뉴욕타임스≫는 경제적으로 풍요로운 사람들에게 주어졌던 예술 작품을 의뢰할 수 있는 특권이 이제 일반 대중에까지 확대될 것으로 평가한다. 반면에 예술계 전문가들은 과연 알고리즘이 예술 행위로 인정될 수 있는지, 저작권 문제는 어떻게 해결할 수 있는지 등의 쟁점을 놓고 비판을 하고 있다. 기술이 업그레이드되면서 인공지능은 이제 인간이 창작한 기존 작품보다 어쩌면 더 뛰어난 작품을 제작할 수 있다. 그 과정에서 우리는 인공지능 예술 작품을 인간의 예술 작품과 동등하게 평가하며 그 작품성 역시 인정해야 하는지 의문을 제기한다. 자신의 영감과 끊임없는 고뇌의 결과물로 작품을 만들어 내는 예술가의 창작 과정을 생각해 본다면 인공지능에 의해 제작된 작품은 창의성을 기반으로 하지 않기 때문에 예술 작품에 해당될 수 없다. 어쩌면 표절이라는 윤리적 비판에 직면해야 할 것이다. 다시 말해서 인공지능이 심층 학습을 통해 만들어 낸 작품이라도 이미지를 재현한 생산물로 규정될 수 있다.

예술 작품은 단순히 이미지의 재현이 아니라 예술가

의 정신과 경험의 산물이다. 만일 이러하다면 AI의 예술 작품은 창작의 가능성이 존재하지 않기에 예술 작품 범주에 해당되지 않는가? 그렇지 않다면 예술의 정의를 새롭게 재정의해야 하는가? 인간 고유 영역의 특성으로 간주되었던 창의성은 인간의 고유한 특성으로서의 역할을 상실하는가? 이제 인공지능 시대에 기계가 만든 작품도 예술로 인정할 것인지, 인간 예술가는 기계를 어떻게 활용할 것인지는 미래의 우리 선택에 달려 있을 것이다.

참고문헌

루브르TMI(2020.4.9). https://louvretmi.tistory.com/44

류인혜(2024.4.16). 인공지능(AI)과 예술, 이제는 변화를 받아들여야 할 때. 디자인DB, https://www.designdb.com/?menuno=1432&bbsno=1547&siteno=15&act=view&ztag=rO0ABXQAOTxjYWxsIHR5cGU9ImJvYXJkIiBubz0iOTkwIiBza2luPSJwaG90b19iYnNfMjAxOSI%2BPC9jYWxsPg%3D%3D#gsc.tab=0

류현아(2010.5.25). 원반 던지는 사람. 조선에듀, https://edu.chosun.com/m/edu_article.html?contid=2010052500630

오픈갤러리(2019.6.3). 미술이야기-인공지능은 예술가가 될 수 있을까?. 오픈갤러리, https://www.opengallery.co.kr/art-readings/61/?srsltid=AfmBOooL1B5GKqEiwrbI2bcmxU9wEZ9Xjh_AGsjS-6CL-xHFZJjVTDHd

10
인공지능 윤리 원칙을 통한 인공지능과 인간의 공존

인공지능 기술의 급속한 발전과 함께, 인간과 인공지능의 공존에 대한 논의가 활발해지고 있다. 인공지능이 우리 사회에 미치는 영향력이 커짐에 따라, 이를 어떻게 윤리적으로 개발하고 활용할 것인지에 대한 고민도 깊어지고 있다. 인공지능 윤리 원칙을 통해서 인공지능과 인간이 공존할 수 있는 방향을 모색해 보고자 한다.

인공지능 윤리 원칙의 주요 내용

인공지능 기술이 우리 삶의 다양한 영역에 깊이 관여하게 되면서, 이에 대한 윤리적 고려의 중요성이 커지고 있다. 인공지능 윤리 원칙은 기술 개발과 활용 과정에서 발생할 수 있는 윤리적 문제를 예방하고, 인간의 가치와 권리를 보호하기 위한 지침이 된다.

주요 인공지능 윤리 원칙들은 다음과 같은 내용을 포함하고 있다.

투명성과 설명 가능성: AI 시스템의 결정 과정과 결과에 대해 이해할 수 있어야 한다.

공정성과 차별 금지: AI는 편견 없이 공정하게 작동해야 하며, 특정 집단에 대한 차별을 해서는 안 된다.

프라이버시 보호: 개인정보의 수집과 사용에 엄격한 기준을 적용해야 한다.

책임성: AI 시스템의 오류나 문제에 대해 명확한 책임 소재를 밝혀야 한다.

인간 중심: AI는 인간의 자율성과 존엄성을 존중하며, 인간의 삶의 질 향상에 기여해야 한다(Jobin et al., 2019).

유럽연합(EU)의 '신뢰할 수 있는 AI를 위한 윤리 가이드라인'과 경제협력개발기구(OECD)의 'AI 에 관한 권고

안' 등은 이러한 원칙들을 포함하고 있으며, 글로벌 기업들의 AI 개발 방향에도 큰 영향을 미치고 있다.

유럽연합의 가이드라인은 다음과 같은 여섯 가지 핵심 요구 사항을 제시한다. 먼저, 인간 행위자와 감독을 강조하여 AI 시스템이 인간의 자율성을 존중하도록 한다. 개인정보 보호를 중요시한다. 투명성을 통해 AI 의사 결정 과정을 이해할 수 있게 하며, 다양성, 비차별, 공정성을 추구하여 AI 시스템이 모든 사람을 공평하게 대우하도록 한다. 사회적, 환경적 웰빙을 고려하여 AI가 사회에 긍정적인 영향을 미치도록 하고, 마지막으로, 책임성을 통해 AI 시스템의 결과에 대한 명확한 책임 소재를 확립한다(European Commission, 2019).

OECD의 'AI 에 관한 권고안'은 다음과 같은 다섯 가지 주요 내용을 담고 있다. 포용적 성장, 지속 가능한 발전, 웰빙을 통해 AI가 사회 전체의 이익을 위해 기여해야 함을 강조한다. 인간 중심 가치와 공정성을 통해 AI가 인간의 권리와 민주주의적 가치를 존중하도록 하고, 투명성과 설명 가능성을 강조하여 AI 시스템의 결정 과정을 이해할 수 있게 한다. 견고성, 보안, 안전성을 통해 AI 시스템의 안정성과 신뢰성을 확보하며 마지막으로, 책임성을 통해 AI 개발자와 사용자의 책임을 명확히 한다

(OECD, 2019).

인공지능과 일자리, 인간 역할의 변화

인공지능의 발전은 일자리 시장에 큰 변화를 가져오고 있다. 많은 전문가들은 AI가 일부 직업을 대체할 것이라고 예측하지만, 동시에 새로운 직업을 창출할 것이라는 전망도 있다.

제조업, 데이터 입력, 고객 서비스 등 반복적이고 예측 가능한 업무 분야에서 AI와 로봇이 인간을 대체할 가능성이 높다. 텔레마케터, 마트의 캐셔 등 단순한 그리고 반복적인 실행을 요구하는 직업군이 해당된다. 반면, AI 엔지니어, 데이터 과학자, AI 윤리 전문가 등 AI 관련 새로운 직업의 수요가 증가하고 있으며 AI의 분석 능력과 인간의 창의성을 결합한 새로운 형태의 직무가 등장하고 있다. IBM의 왓슨은 의사들의 암 진단과 치료 결정을 지원하며, 의료진의 역할을 보완하고 있다.

AI와의 협업은 다양한 형태로 이루어질 수 있으며, 이는 각 산업과 직무의 특성에 따라 달라진다.

AI 보조 모델: 인간이 주도적으로 업무를 수행하고 AI가 보조적인 역할을 하는 모델이다.

AI 주도 모델: AI가 주요 업무를 수행하고 인간이 감독

하는 역할을 하는 모델이다.

AI-인간 협업 모델: AI와 인간이 각자의 강점을 살려 상호 보완적으로 협업하는 모델이다.

AI 기술의 발전은 인간의 역할을 변화시키고 있으며, 이는 단순히 특정 작업의 수행 방식이 바뀌는 것을 넘어 인간만이 할 수 있는 고유한 역할에 대한 재정의를 요구하고 있다.

창의성과 감성 지능의 중요성 증대: AI가 반복적이고 분석적인 작업을 대체함에 따라, 인간에게는 창의적 사고와 감성 지능이 더욱 중요해지고 있다.

AI 감독 및 관리 역할: AI 시스템이 더 많은 영역에서 사용됨에 따라, 이를 감독하고 관리하는 인간의 역할이 중요해진다. 세부 내용으로 AI 시스템의 성능 및 공정성 모니터링, AI의 결정에 대한 최종 검토 및 승인, AI 시스템의 윤리적 사용 보장 등이 있다.

평생 학습의 필요성: 빠르게 변화하는 기술 환경에 적응하기 위해 지속적인 학습과 역량 개발이 필수적이다.

윤리적 판단과 의사 결정의 중요성: AI의 결정이 사회에 미치는 영향이 커짐에 따라, 인간의 윤리적 판단과 책임 있는 의사 결정의 역할이 더욱 중요해지고 있다.

인공지능 윤리 원칙은 인공지능과 인간의 공존을 위

한 중요한 지침이 된다. 그러나 이러한 원칙을 실제로 적용하는 것은 여전히 많은 도전 과제를 안고 있다. 우리는 기술의 발전 속도에 맞춰 윤리적 고민과 제도적 장치를 지속적으로 발전시켜 나가야 한다.

인공지능 윤리는 단순히 기술적인 문제가 아니라 철학적, 사회적, 법적 문제이기도 하다. 따라서 다학제적 접근이 필수적이다. 컴퓨터 과학자, 철학자, 법학자, 사회학자, 정책 입안자 등 다양한 분야의 전문가들이 협력하여 더 나은 AI 윤리 프레임워크를 만들어 나가야 한다.

또한, AI 윤리는 소수의 전문가들만의 문제가 아니다. AI가 우리 사회 전반에 미치는 영향을 고려할 때, 시민사회의 참여와 공론화 과정이 매우 중요하다. AI 리터러시 교육을 통해 일반 시민들도 AI 윤리 문제에 대해 이해하고 의견을 낼 수 있어야 한다.

마지막으로, AI 윤리는 고정된 것이 아니라 계속해서 진화하는 개념임을 인식해야 한다. 기술의 발전, 사회의 변화, 새로운 윤리적 딜레마의 등장에 따라 우리의 윤리적 기준도 계속해서 재검토되고 갱신되어야 한다.

역사학자 유발 하라리(Yuval Noah Harari)는 2016년 문명 연구자 재러드 다이아몬드(Jared Mason Diamond) 교수와 진행했던 대담을 통해 인공지능에 대하여 경고

한 바 있다. 재러드 다이아몬드는 전화기, 자동차, 텔레비전, 이메일이 인간의 삶을 바꾸어 놓았듯이, 로봇과 인공지능 역시 유용한 변화를 일으킬 것임을 확신했다. 물론 그 역시 인류를 수백 년 동안 괴롭혀 온 걱정거리들은 여전히 남아 있을 것으로 예측했다. 즉 생활의 실용적인 면에서 변화가 나타나더라도, 인간의 걱정거리는 크게 바뀌지 않을 것이라는 확신이다. 유발 하라리는 컴퓨터와 로봇이 인간의 신체적 능력과 인지적 능력을 뛰어넘게 된다면, 새로운 직업을 수행하는 데 인간을 능가하게 될 것으로 언급했다. 만일 이러한 상황이 현실로 된다면, 경제적 측면에서 효용가치가 떨어진 수억 명의 인간들은 무엇을 해야 할 것인가? 이 물음은 21세기에 경제적, 정치적으로 가장 큰 화두가 되고 있으며 인공지능과 로봇에 의해서 인간이 대체될 가능성을 경고한다.

그럼에도 인공지능과 인간의 공존은 피할 수 없는 미래다. 이 공존 미래가 인류에게 혜택을 주는 방향으로 전개되기 위해서는, 우리 모두가 AI 윤리에 관심을 가지고 적극적으로 참여해야 한다. AI 윤리 원칙은 단순한 선언에 그쳐서는 안 되며, 실제 AI 개발과 사용 과정에서 구체적으로 실현되어야 한다. 이를 통해 우리는 인간의 가치를 존중하면서도 AI의 잠재력을 최대한 활용하는, 진정한 의미의 인간-AI 공존 시대를 열어 갈 수 있을 것이다.

참고문헌

현기호(2023.3.27). 세계 석학들, AI위험성에 잇따라 경고 왜?. 이코리아. https://www.ekoreanews.co.kr/news/articleView.html?idxno=66026

Jobin, A., et al.(2019). The global landscape of AI ethics guidelines. https://arxiv.org/pdf/1906.11668

European Commission(2019). Ethics Guidelines for Trustworthy AI. https://digital-strategy.ec.europa.eu/en/library/ethics-guidelines-trustworthy-ai

OECD(2019). Recommendation of the Council on Artificial Intelligence. https://legalinstruments.oecd.org/en/instruments/oecd-legal-0449

이은영

부산가톨릭대학교 인성교양학부 교수다. 대구가톨릭대학교 학사, 석사 및 철학박사 학위를 받았다. 한국연구재단 지원으로 서강대에서 박사후연구원(POST-DOC)으로 2년간 연구, 서강대 철학연구소에서 학술연구교수를 수행했다(2014~2017). 한국현상학회 부회장, 한국해석학회 학술이사, 한국여성철학회 재무이사 등으로 활동하고 있다. 논문으로 "에디트 슈타인의 인간학과 헤븐(HEAVEN) 프로젝트: 인간향상을 통한 죽음의 혁명은 가능한가?"(2020), "인간과 인공지능은 감정이입을 통해 상호작용이 가능한가?"(2022) 등 다수가 있고, 공동 저서로는 『죽음의 시공간: 삶 너머의 의료인문학』(2023), 『사랑-고대로부터 현대에 이르기까지 사랑의 의미』(2020) 등이 있다.

황소영

부산가톨릭대학교 컴퓨터정보공학과 교수다. 부산대학교 전자계산학과에서 학사, 석사 및 박사학위를 받았다. 한국전자통신연구원(ETRI) 융합기술연구부문 선임연구원으로 연구 및 개발 업무를 수행하였다(2006~2010). 조달청 정보통신 기술평가위원, 제조업 AI융합 기반조성사업 자문위원 등으로 활동하고 있다. "A network clock model for time awareness in the Internet of things and artificial intelligence applications"(2019), "Autonomous Indoor Scanning System

Collecting Spatial and Environmental Data for Efficient Indoor Monitoring and Control" (2020) 등의 논문을 SCI, SCOPUS, KCI 등 등재학술지에 게재했다.